KB082138

식당을
한다는 것

식당을
한다는 것

백만 그릇 팔아본 현직 사장의 장사 비결

· 권세윤 지음 ·

The secret of
a restaurant with
many
customers

센시오

식당 장사의 세계는
비정하다

내 어머니는 인생의 네 번, 식당을 열었지만 성공하지 못했다. 그 눈물겨운 실패를 10대 중반부터 20대 후반까지 지켜보면서 나는 다짐했다. 보란 듯이 식당 사장으로 성공해 식당 운영에 관한 이야기를 책으로 쓰겠다고. 그리고 우리 어머니처럼 '뭘 모르고 식당을 운영하는 일이 없도록 하겠다'고.

나는 10대 때부터 치열하게 장사의 길을 걸었다. 길거리에서 찹쌀떡을 팔고, 신문 배달, 족발배달, 현금수송, 주방보조 등 다양한 일을 했다. 인력시장에 나가 공사 인부로 일하기도 했다. 어렵게 대학을 졸업한 후엔 카드 회사에 들어갔다. 장사하는데 영업 경험이 꼭 필요할 것 같아서였다. 입사 첫해 전국 영업 챔피언을 했다. 새벽 2~3시에도 병원, 소방서, 경찰서를 다니면서 영업했다. 그 시절의 치열한 경험이 결국 내 식당을 차리는 데 큰 자산이 되었다.

2008년부터 백만 그릇 넘게 팔았고, 장사를 시작한 첫해에 연매출 10억 원을 넘겼다. 한국프랜차이즈산업협회 이사직을 맡고 있으며, '파워블로거 출신 외식업 전문작가 1호' 타이틀도 얻었다.

그냥 얻어진 건 아니다. 한겨울 새벽 4시 반부터 6시 반까지 반팔 차림으로 식당 앞을 청소했고, 입에서 단내가 날 때까지 청국장을 맛있게 비벼 먹는 법을 얘기했고, 구두를 닦으면서 손님을 한 명이라도 더 모으려고 애썼다. 장사 잘되는 집을 벤치마킹한다고 시간 낭비, 돈 낭비도 많이 했다. 그렇게 수많은 시행착오를 거치면서, 내 안에는 '손님이 줄 서는 식당'을 만드는 방법이 차곡차곡 단단하게 쌓여갔다.

독자에게 한 가지 묻고 싶다. 왜 식당을 하려고 하는가?
이 질문에 대한 고민이 충분하지 못하면, 앞으로의 길이 쉽지 않을 것이라고 말해주고 싶다. 식당은 매일 3,200명이 창업하고 2,000명이 폐업하는 치열한 업종이기 때문이다. 옆 가게에 손님이 들면 내 가게엔 손님이 끊긴다. 끊임없이 경쟁해야 하고 시련과 마주하는 일이다. 그 때문에 자신이 왜 이 일을 하는지에 대해서 고민을 거듭하지 않으면, 작은 시련에도 쉽게 흔들리고 금방 지친다. 살아남기 힘들다.

(이렇게 말하면 사람들이 잘 인정하지 않지만) 식당이야말로 공부해야 하는 업종이다. 다른 가게보다 손님을 더 많이 오게 하려면 다른 가게 사장보다 더 공부하고 노력해야 한다. 그런데 내가 보기에 많은 사장이 준비는 제대로 하지도 않으면서 손님이 알아서 찾아오고, 매출이 오르길 바라고 있다.

사실 처음엔 나도 그랬다. 뚜렷한 목적 없이 기계처럼 식당을 운영했고, 어느 순간 번아웃 상태가 되었다. '왜 이 짓(?)을 하고 있지?'라고 생각하면서 오랫동안 공허감에 시달렸다. 몇 년을 그렇게 허비하고 나서야 더는 이렇게 살 수 없다는 생각이 들었다. 그렇게 바닥을 치고 나서야 생각을 고쳐먹고 앞으로 다시 나아갈 수 있었다.

이 책은 식당을 시작하긴 했지만, 어떻게 운영해야 할지, 어떻게 음식을 '팔아야' 할지 도대체 감이 오지 않아 헤매고 있는 사장님을 위해 쓰였다. 나는 이 책에 현직 사장이 식당을 어떻게 경영해야 하는지, 어떻게 해야 매출을 올릴 수 있는지, 그 방법을 날 것으로 모조리 공개했다. 부끄럽지만 내 조그만 경험이 식당 운영에 어려움을 겪는 이들에게 조금이나마 도움이 되었으면 하는 마음이다. 그리고 양해를 구하고 싶은 점도 있다. 생생한 현장을 전달하기 위해 내가 직접 휴대폰으로 찍은 사진을 책에 실었다. 공부하려고 기록용으로 찍은 사진이라 상태가 변변치 못한 것이 더러 있다.

주변의 도움 없이는 이 책을 완성하지 못했을 것이다. 항상 멈추지 않는 기관차 같은 김영갑 교수님, 한국프랜차이즈산업협회 부울경지회의 남구만 회장님과 협회원분들, 10년 넘게 외식 이야기를 나누고 있는 맛 칼럼니스트 박상현 형님, 새로운 시각을 열어주는 더블크루 강주완 형님, 항상 응원해 주는 단톡방의 세원, 찰리, 상윤, 형태, 취재에 응해주셨던 모든 대표님, 페이스북 친구들 덕분에 이 책이 나올 수 있었다. 평생 올곧게 살아오신 부모님, 많은 것을 이해해주고 지켜봐준 태순, 준서, 민서에게 감사의 마음을 전한다.

이 책이 식당을 시작하는 분, 식당 운영에 힘들고 지친 분들에게 작은 도움이라도 된다면 그것으로 충분하다. 어려운 시기에 분투하고 있는 동료분들, 모두 함께 손님이 줄 서는 식당을 만들어보자.

차례

3장

손님이 제 발로 찾아오게
만드는 식당 마케팅

4장

손님이 줄 서는 식당은
이 점이 다르다

5장 식당을 한다면 이들처럼

1장

백만 그릇 판 비결 한 가지

**The secret of
a restaurant with
many
customers**

한 달에 50만 원 가져가는
식당 사장이 되지 않으려면

이제 막 자기 식당을 시작하는 초보 창업자가 있다. 상권도 모르고, 온라인도 모른다. 마케팅은 더욱더 모른다. 레시피는 배웠는데, 프로세스가 엉망이다. 부동산 계약, 간판 만들기, 인테리어, 주방용품까지 준비했다면 이제 창업에 필요한 20퍼센트 정도를 준비한 셈이다.

아직 본 게임은 시작도 안 했는데, 엄청나게 많은 일을 한 것만 같다. 식당을 오픈하면, 이제까지의 고생을 보상받고, 고민거리들이 해결될 것이라고 믿고 있다. 주변에서 "대박 나라, 잘되면 가맹점 달라"라는 근거 없는 덕담이 쏟아지니, 실제로 그렇게 될 것 같다는 환상도 생기기 시작한다. '그래 못 할 게 뭐 있어. 하면 되지.' 호기롭게 앞날을 낙관할지도 모른다.

큰 꿈을 꾸고 있는 초보 사장님께 미안한 말이지만, 식당을 한다는 것은 그렇게 쉬운 일이 아니다. 외식업이 호환, 마마보다 무서운 이유는 초보 사장의 다부진 각오까지 깡그리 사라져 버리게 만들기 때문이다.

요리 베테랑이 창업에 실패하는 이유

나는 2008년에 청국장 전문 식당을 운영했다. 당시 최고 매출을 올렸을 때, 최대 700명의 음식 준비를 지휘했던 찬모님(오른쪽 사진의 주인공이시다)이 그만두신 후 거의 10년 만에 연락이 왔다. 가벼운 마음으로 인사드리러 갔다. 찬모님은 식당을 세 번 오픈했는데 전부 망했다고 했다. 도무지 납득할 수 없었다. 외식업의 차가운 현실이 크게 느껴졌다. 아무리 반찬이 많아도 아무리 상차림이 화려해도 되지 않는구나. 음식 경력이 놀라울 정도로 많은 분이 이렇게 힘들어하는 모습을 보면서 앞으로의 외식업은 공부하는 사장만이 살아남겠다는 생각을 했다.

"왜 식당을 하려고 하세요?"

이렇게 질문하면 즉각 대답하지 못하는 분이 많다. 보통은 얼버무리며 음식을 좋아해서, 음식 만드는 것을 좋아해서 그렇다

식당을 한다는 것

고 한다. 사 먹는 것을 좋아
하면 사 먹고, 만드는 것을
좋아하면 집에서 만들어 먹
으면 될 일 아닌가. 이렇게
단도직입적으로 말하는 이
유가 있다. 불필요한 시간

단축이라는 선물을 독자분에게 드리기 위해서다.

음식을 좋아하는 정도로는 외식업에서 성공할 수 없다. 식당
창업에 성공하지 못하면 실패만이 있으므로, 실패의 경험을 늘
리지 않기 위해서라도 성공의 방향으로 가는 것이 좋다. 실패하
고 나서 좋은 경험이었다고 회상할지 모르지만, 실패가 주는 고
통은 상상 그 이상이다.

꼭 자영업을 해야겠다는 마음을 먹었으면, 충분한 계획을 세
우고 하루라도 빨리 홀과 주방 일을 경험해보길 바란다. 정말 재
미있다면 더 해보고, 아니라면 접어야 한다. 싫어하는 일이 시간
이 흐른다고 좋아지겠는가. 외식업도 마찬가지다. 하물며 가장
의욕이 넘치는 시작부터 흥미롭고 재미있게 느껴지지 않는다
면, 아마 맞지 않는 일일 확률이 높다. 식당 운영자가 주방과 홀
모두 장악하지 못하면, 직원들이 운영자를 무시하기 마련이다.
슬픈 이야기지만 현실이다. 식당이 잘되라고, 사장 돈 많이 벌라

고 발 벗고 나서는 직원은 없다. 세상은 넓고 사람은 많으니 어딘가에 그런 직원이 있을지도 모르지만, 있어도 없다고 생각하는 편이 건강에 이롭다.

헬스장을 등록하고 나서 가지 않은 경험이 누구나 있을 것이다. 헬스장은 석 달 이용료가 지역 및 이벤트에 따라 다르겠지만, 보통 30만 원이다. 한 달에 10만 원꼴이다. 식당은 어떤가? 창업 비용이 가장 적게 들어간다는 평균 2,000만 원의 배달업부터 수억 원의 개인 식당, 프랜차이즈까지 다양하다. 1억이라고 가정해보자. 헬스장 월 이용료의 1,000배에 달하는 돈이다. 마음대로 운영하다가는 모든 돈을 다 날리게 된다. 설마 하다가 정말 다 날린 사람을 여럿 봤으니 믿으시기 바란다.

더군다나 다음 임대인을 구하지 못한 경우에는 철거 후 원상복구까지 해주고 나와야 한다. 그 심정은 아무도 모른다. 매장이 망해도 직원들 급여와 퇴직금은 별개로 지급해야 한다. 월세를 못 내고 모든 공간을 다 비워주고 시설까지 다 뜯어서 정리해주는 그 수모의 순간을 겪은 자영자들도 창업 초기에는 자신이 비운의 주인공이 될 거라고 상상하지 못했을 것이다.

식당을 시작하면 발 뻗고 자기 어렵다

이런 무서운 결과가 빈번하게 일어나는 현장이 바로 외식 자영

식당을 한다는 것

업이다. 외식업을 할 이유가 전혀 없는 사람이 외식업을 하는 경우도 많다. 회사나 직장을 다니기 싫어서, 사장 소리 듣고 싶어서, 돈을 더 벌기 위해서 자영업을 선택한다. 번듯한 매장을 보여주기 위해서 전혀 어울리지도 않은 업종의 식당을 차려서 노후 자금을 다 날렸다는 이야기는 이제는 너무 자주 들어 놀랍지 않을 정도다.

가끔 하는 말인데, 세상에서 제일 비싼 밥은 '자영업자가 매장에서 먹는 밥'이다. 매출이 떨어졌을 때, 사장이 매장에서 먹는 밥 한 공기는 환산해보면, 수십만 원이 넘는 값비싼 밥이다. 장사가 잘되지 않을 때, 사장의 목구멍에 밥이 넘어가지 않는 이유가 바로 이 때문이다.

지금까지의 이야기를 듣고도 외식업을 하겠다면 이제는 더 말릴 자신이 없다. 어쩌면 기본 관문은 통과한 격이니, 잔잔한 박수를 보낸다. 외식업의 형태는 개인 식당이나 프랜차이즈 가맹점이나 둘 중 하나일 것이다. 개인 식당을 생각한다면 6개월 이상 식당에서 일하기를 추천한다. 프랜차이즈 가맹점도 마찬가지다. 사실 강제하고 싶은 사항이다.

실현 가능성이 있을지 모르지만, 이 정도의 업무 경험이 없으면 자영업을 시작할 수 없도록 국가에서 움직여야 한다고 생각한다. 이유는 간단하다. 식당에서 일하는 직원들은 초보 창업자보다 경험이 많다. 장사 잘되는 곳, 파리 날리는 곳 모두 경험을 해봤기 때문에 장사가 잘되는 곳에서 꾀부리기, 잘 안되는 곳에서는 능장 부리기 선수들이다. 열심히 운영하려고 해도, 그 열정을 무력화시키는 직원들이 곳곳에 숨어 있다.

가족, 친척, 지인 중에 외식업을 하는 분들이 있을 것이다. 많으면 많을수록 좋은데, 최소 열 명의 자영업자를 만나서 장사를 처음 시작하려고 하는데 주의사항이나 꼭 해줄 말이 있는지 요청해보자. 가능한 요식업이 아닌 다른 업종의 자영업자를 만나보기 바란다. 시야가 확장되고, 다양한 이야기를 들을 수 있기 때문이다. 모든 이야기를 듣고 나서 냉정하게 결정하길 바란다. "내가 하면 더 잘할 수 있어"라는 근거 없는 자신감을 가지고 있다면, 아예 시작하지 마라. 잘 안될 거라 가정하고 자영업을 시작한 사람은 세상에 단 한 명도 없다.

부산 경성대 상권에서 골목에 있는 2층 일식 주점을 갔다. 주문하고 화장실을 가면서 봤는데, 사장님이 아기를 포대기에 매고 일하고 있었다. 이야기를 나누어보니 부인도 같이 일하는 것처럼 보였다. 아기가 있다고 식당에서 아기를 업고 일을 할 수 있는 사람은 많지 않을 것이다. 아기를 업고도 웃으면서 손님에게 낼 음식을 준비하는 것을 보면서 뭉클한 감정을 느꼈다.

이 정도의 마인드를 가지고 외식업을 한다면, 분명히 성공할 것이다. 흔히 IMF보다 더 큰 경제적 위기에 봉착한 시점이 2020년이라고 이야기한다. 전 세계를 강타하고 있는 코로나19의 영향으로 식당을 하는 자영업자의 숫자가 눈에 띄고 줄고 있다. 서울의 특정 지역은 18퍼센트이상 폐업이 늘었다. 그저 사장이 되고 싶어서 창업을 시작한 경우가 적지 않다. 코로나19를 계기로 외식업에 함부로 뛰어든 헛똑똑이 사장들이 현저히 줄어들 것으로 보인다.

그런데도 외식업을 꼭 해야 할 이유를 적어보고, 그 이유가 진정으로 합당하다면 외식업을 시작하기 바란다. 일단 외식업을 시작하면 하루도 편할 날이 없다. 나 혼자만이 아니라 단 하루도 온 가족들이 발 뻗고 잠 한숨 편히 못 잔다. 가족의 걱정을 등에 업고 시작해야 하는 것이 자영업이다.

나는 세일즈맨 출신 자영업자다. '영업'과 '자영업'의 차이점에 대해서는 잘 알고 있는 편이다. 자영업은 영업 마인드가 굉장히 중요한 업종이므로 영업의 기본을 알아야 한다. 영업과 자영업은 근본적으로 다른 일인가? 두 가지 일을 다 해본 경험으로는 전혀 다르지 않다. 다만 영업이 자영업보다 훨씬 어렵다.

　국내에는 약 600만 명의 자영업자가 존재한다. 이는 마흔세 개의 생활밀접형 업종을 모은 숫자다. 기업, 관공서, 일반 회사를 뺀 전부라고 보면 된다. 일상생활하면서 눈에 들어오는 모든 점포의 합이 곧 자영업자의 숫자다. 그중에서 음식점이 자영업의 약 10~12퍼센트를 차지하고 있다.

　식당 창업을 그저 "사장님, 사모님" 소리가 듣고 싶어서 시작한 일이면 얼른 중단하길 바란다. 한 달에 50만 원 가져가는 사장님이 될 수도 있다. 불편하고 껄끄러워서 사실 이런 이야기는 누구도 해주지 않는다. 이야기하지 않는다는 것이지, 사실이 아니라는 것은 아니다. 자영업은 사장의 무지로 인해 타인이 돈을 벌게 되는 구조다. 유무형의 모든 일과 교육, 투자, 마케팅이 사장의 결정으로 그 운명이 갈린다. 그래도 자신이 있다면 제대로 해보자.

식당을 한다는 것

냉정하게 말해, 초보가 경력자를
단숨에 뛰어넘는 법은 없다

자영업은 사장이 스스로 경영할 수 없으면 절대 해서는 안 되는 일이다. 사장이 직접 경영에 참여하지 않는 매장 대부분은 매출이 좋지 않다. 자영업의 정의는 '스스로 경영하지 않으면 안 되는 일'이라고 못을 박자. 그래야 자신이 흔들리지 않는다. 다른 사람에게 식당을 맡기는 운영자들은 자본이나 시간적 여유가 있다. 자신을 그런 운영자와 동일시하는 것에 위험이 도사린다.

프랜차이즈 점주도 '스스로 경영하는 업'을 하는 것은 마찬가지다. 물론 프랜차이즈 본부에서 구축해놓은 시스템이 없었더라면, 업 자체를 시작할 수도 없었을 것이다. 매출을 올려놓고 권리금을 받고 나가든, 운영을 잘해서 매출을 더 올리든, 다음 단계로 가는 계단으로 활용을 하든 그것은 점주의 자유의지요, 희망이다. 다만 본사가 매출을 올려주는 것에는 한계가 있다. 본사에서 파견된 직원이 특정 매장만 계속 도와줄 수도 없다. 그렇다면 점주가 가져야 할 자세는 무엇일까? 소비자에게 친절하고 청결한 모습을 보여주고, 매출을 더 올릴 방법을 점주 스스로 마련해야 한다. "본사에서 해준 게 뭐 있는데? 우리가 본사 다 키웠지"라고 말하는 점주가 너무 많다고 한다. 그런 삐딱한 마음으로는 아무리 좋은 아이템을 골라도 잘되지 않을 것이다.

특히 예비 창업자라면 프랜차이즈로 시작할 확률이 높을 테니 마인드 훈련을 미리 하자. 자본주의 경제는 누군가가 의도적으로 통제할 수 있는 것이 아니다. 하지만 식당은 다르다. 손님의 기억에 남을 정도로 친절하게 인사하고, 정해진 시스템 내에서 청결하게 음식을 만들고, 개인 식당보다 더 체계적인 모습을 보여주면, 어느 소비자가 감동하지 않겠는가. 신뢰도가 높은 프랜차이즈 브랜드는 개인 식당보다 매출 효과가 높을 수 있다.

마음가짐이 줄 서는 식당을 만든다

본래 일이라는 것은 마음가짐이 성패를 좌우한다. 마음가짐이 단단하지 않으면, 아무리 매출이 좋아도 위기는 항상 가까이에 도사리고 있다. 처음 자영업을 시작할 때는 신경 써서 운영하려고 애를 쓴다. 잘 판단해야 할 것은 처음 오픈한 매장이라서 소비자가 관심을 보이는 것인데, 마치 본인 스스로가 매우 잘해서 일어난 일이라고 착각하는 일이다. 그러다 보면 초반에 가졌던 마음과 약속들을 하나씩 어기기 시작한다. 위험단계에 돌입하는 순간이다. 표시가 안 나니까 매장 운영에 불필요한 것들을 하면서 스스로 만족한다. 그렇게 천천히 파멸의 길로 들어선다.

개인 식당이든, 프랜차이즈 가맹점이든 마케팅이 필수인 시대다. 프랜차이즈 본사가 마케팅을 대신 해주는 것은 아니다. 마케팅은 스스로 해결해야 할 문제다. 불과 3~4년 전만 해도 굳이 마케팅하지 않아도 수월하게 운영할 수 있는 식당이 많았지만, 이제는 상황이 다르다.

마케팅도 마음가짐이 중요하다. 마케팅은 전문가가 해야 하는 일이다. 일반 자영업자가 직접 하는 것은 한계가 있다. 그런데 한계가 있다고 판단하는 이유는 마케팅을 키워드, 블로그, 인스타그램, 페이스북으로 한정 지어서 생각하기 때문이다. 마케팅을 두고 많은 사람이 다양한 시각에서 정의를 내리지만 소비자에게 보여주는 모든 활동이 마케팅이라고 믿는 편이 낫다.

즉 고객에게 노출되는 모든 활동이 마케팅이다. 중요한 것은 효율성이 있느냐, 없느냐에 대한 판단을 빠르게 해서, 메인 마케팅을 결정하는 것이다. 식당을 처음 운영할 때 내가 정의한 마케팅은 '식당에서 처음 보는 장면을 손님에게 제공하는 것'이었다.

관심도가 증가하면 입소문이 날 것이라고 생각해 지속적으로 실행했다. 식당을 처음 창업했을 때, 구두 닦기 서비스를 했다. 태어나서 지금까지 식당에서 구두를 닦아주는 장면을 한 번도 본 적이 없다.

고체 구두약으로 광을 낸다는 것은 불가능하다고 판단하고, 액체 구두약과 천을 준비해두고 손님이 구두를 벗고 들어가면 아주 빠르게 닦았다. 포인트는 손님이 보지 않을 때 후다닥 닦는 것이었다. 너무 훤히 보이는 서비스는 의미도 없고 재미도 없다. 계산하고 나가는 손님이 본인의 구두를 못 찾는 경우는 일상다반사다. 지저분한 자기 구두가 갑자기 안 보이니까 찾지를 못한다. 그러다가 손님이 계속 두리번거리다가 나와 눈이 마주친다. 미소를 짓고 목례하면 손님이 감탄하면서 엄지손가락을 치켜든다. 그분들의 소개로 회사 회식이 줄을 이었다. 바로 이것이 마인드와 마케팅을 동시에 잡은 사례가 아닐까.

지금 내 식당에 온 손님이 최고의 마케터다

자, 어떤 느낌이 드는가. 마케팅에 대해서 잘못 생각하고 있는 부분도 있을 것이다. 마케팅을 '온라인에 돈을 붓는 행위'와 동의어로 생각하는 분이 많은데, 그렇지 않다. 마인드를 어떤 식으로 보여줘야 고객이 감동하는지를 충분히 느끼고, 그 포인트를 적용해 나만의 마케팅 거리를 개발하면 된다. 수많은 경험과 개인의 노하우로도 마케팅 거리를 충분히 만들어낼 수 있다. 지속가능성이 큰 것을 선택해야 한다는 것이 중요하다. 그래야 독보적인 식당이 된다.

비용을 들여서 온라인 마케팅을 해야 식당이 알려진다는 것은 맞는 말이기도 하고, 틀린 말이기도 하다. 개인이 할 수 있는 영역은 매우 제한적이다. 하지만 내가 할 것이 없다고 생각하는 순간, 매출 상승은커녕 식당을 유지하기도 어려운 상황에 놓이고 만다. 어차피 더 큰 자본, 더 좋은 시설을 구비한 식당을 이길수 없다. 심술도 나겠지만 어쩌겠는가. 계속 생각할수록 본인만 손해다. 직접 해결할 수 있는 일부터 차곡차곡 모은다는 마인드가 필요하다.

다시 한 번 말하지만, 마인드 형성이 우선이다. 이 틀이 만들어지지 않으면 어떤 자영업을 하든 이내 모래성처럼 무너질 것이다. 보통의 마인드를 가진 사람은 여기에서 헤어날 수 없다. 어떤 시도를 계속하는데 변화한 결과가 보이지 않으면, 자신감을 잃고 부정적으로 변하는 게 인간이다. 이런 마인드는 타인이 해결해줄 수 없다. 자신을 절대적으로 믿어야 한다. 비교하지 말고, 나만이 할 수 있는 일부터 하나씩 해결해가면서 자신감이 생길 것이다.

김해 외동에 있는 〈옥
이네뒷고기〉 사장님은
영업을 마칠 때가 되면
항상 고기를 구워 드신
다. 식사를 가장한 테스
트라 할 수 있다. 지나가다 우연히 발견할 수 없는 컴컴한 골목길
에 있는 고깃집인데 손님이 많다. 고기의 품질, 된장찌개, 찬의
구성이 거의 완벽하다. 알고 보니 몇 년 동안 완벽한 고기 맛을
찾기 위해 고기를 엄청나게 버렸다고 하셨다. 고깃집 운영 경력
은 그렇게 길지 않았다. 본질을 정확하게 판단하고 연구한 결과
물로 보인다.

　냉정하게 판단해야 한다. 지금 시작하는 경우라면 경력자를
단숨에 뛰어넘을 방법은 본질적으로 없다. 방법은 딱 하나. 마인
드를 제대로 갖추고 짧은 시간에 효과적으로 운영하는 것이다.
초보라고 고수한테 매번 지라는 법은 없다. 단, 고수가 초보한테
질 확률은 더 희박하다는 사실을 명심하고 한 발씩 나아가다 보
면, 내가 운영하는 식당이 꽤 잘된다는 이야기를 들을 때가 올 것
이다. 실천할 수 있는 일부터 하자.
　어느 나라나 마찬가지겠지만, 국내에서 식당을 운영하는 자

영업자의 대부분은 생계형이다. 사장인 내가 무너지면 온 가족이 힘들어지고 고통 속에서 하루하루를 보내야 할 수 있다. 부가세, 종합소득세를 처음 내면 눈앞이 캄캄해질 정도로 일이 이상하게 흘러간다는 느낌을 받을 것이다. 총매출에서 총비용을 뺀 것이 총수익이라고 생각하면 안 된다. 감가상각비, 4대 보험비, 부가세 예수금 등을 빼놓지 않으면 정산일에 큰 위험에 처한다. 장사를 꽤 잘하는 사장님들도 세금을 내기 위해서 대출받는 경우를 종종 보았다. 냉정하게 판단해야 한다. 내가 왜 자영업을 할 것인지, 왜 내가 성공할 수 있다고 믿는지 말이다.

깨질수록 강해지는
단단한 돌덩이가 되는 것부터

부산은 미식의 도시다. 그 미식에 도시에서 흔한 아이템을 가지고, 식당 창업에 성공하는 것은 쉬운 일이 아니다. 그런데 그 일을 해낸 청년 사장이 있다. 부산의 최고 인기 상권인 부산 남구 상권에서 배달로만 월 매출 8,000만 원 이상을 올리며, 60여 개의 지점을 낸 방년 27세 외식업자 〈꾸브라꼬 숯불두마리치킨〉의 전민호 대표다.

식당 사장이라는 단 하나의 꿈

전민호 대표는 고등학교 2학년 때부터 식당 사장이 되고 싶었다. 가진 것도 없고, 아는 것도 없지만, 그에겐 젊음과 건강한 몸이 있었다. 친구들이 교과서를 붙들고 독서실로 향할 때, 그는 식당 사장의 꿈을 이루기 위해 지금 당장 내가 할 수 있는 일을 찾기 시작했다.

당시 학생이다 보니 어디부터 어떻게 시작해야 할지 감이 잡히지 않았다. 무슨 일을 하더라도 식당과 연관 지어서 생각하며 일했다. 외식업을 하는 사장에게서 무엇이든지 배우겠다는 생각으로 아르바이트를 했다. 고등학교 재학 중에는 아르바이트, 졸업 후에는 겹벌이를 했다. 백화점 스포츠 의류 매장에서 2년 정도 낮에 일하고, 밤에는 술집과 식당에서 일하면서 악착같이 돈을 모았다. 의류 매장에서 일을 굉장히 잘했기 때문에 본사에서 제안이 들어왔다. 5년 동안 그만두지 않고 일하면, 매장 운영권을 주기로 했다. 그 이야기를 듣고 나니 오히려 그만두어야겠다고 직감했다. 그의 꿈은 오직 식당 주인이 되는 것이었다.

전민호 대표는 외식업 경험을 계속 쌓아야 한다고 생각하고, 일을 그만두고 한정식 전문식당에서 일하고, 호프집에서도 일했다. 그의 이야기를 듣고 있자니 당돌하지만 당찬 사람이 분명하다고 생각했다. 전민호 대표는 식당 일을 할 때, 사장님에게 이렇게 말했다고 한다.

"몇 개월 동안만 식당 경험을 쌓기 위해 일하겠습니다. 허락해 주신다면 바로 출근하겠습니다."

식당에서 직접 일을 해보는 것은 창업 준비 시간을 줄이고, 얼을 것을 얻는 최상의 방법이다. 그는 식당 창업의 목표를 이루기 위해서 여러 가지 일을 하며, 노하우를 스펀지처럼 빨아들였다. 부산 영남권에서 프랜차이즈 치킨으로 이름을 날리던 치킨 매장에서 아르바이트하면서 치킨을 만들고 파는 방법을 배웠다. 시기도 맞았는지 지도해준 분이 프랜차이즈 본부장이었다. 그렇게 일하다 보니, 한 매장이 양도 양수를 원하는 상황이 왔다. 검토 끝에 매장을 인수했다. 10대 후반부터 열심히 모든 4,000만 원이 있었다. 하지만 매장을 인수하려면 보증금도 필요했기 때문에 금액이 부족했다. 열정적으로 일하는 것을 지켜본 본부장이 무이자로 꽤 많은 금액을 투자했고, 매달 상환하면서 투자 금액을 모두 갚았다.

그는 계속 일을 하면서 개인 브랜드를 갖고 싶다는 꿈을 꾸었다. 지금까지 매장을 운영해왔기 때문에 자신이 있었고, 어릴 때  부터 꿈꿔온 일의 실현이 눈앞에 왔다고 생각했다. 홀 매장, 테이크아웃, 배달까지 모두 익혔기 때문에 배달 앱이 활성화될 때, 그동안 배워온 모든 것을

식당을 한다는 것

실행하고 활용했다. 마침내 브랜드를 만들어 〈꾸브라꼬 숯불 두마리치킨〉을 운영하게 된 것이다.

전민호 대표는 배달 앱에서 파문을 일으켰던 '슈퍼리스트'를 당시 5만 원이 안되는 금액으로 입찰해 부산 동래구 사직동을 쓸어 담았다. 몇 년 뒤에는 입찰액이 수십 배까지 치솟았다. 그의 성공은 타이밍과 개인 노력의 합작품이다. 배달 시장에서는 이름만 대면 알만한 치킨 브랜드들이 쏟아졌지만, 그는 독보적인 존재감을 과시하며 부산 사직동에 자리를 잡았다.

〈꾸브라꼬 숯불두마리치킨〉은 서울에 진출했다. 서울, 경기에서도 가맹점 문의가 끓기 시작했고, 벌써 계약을 마치고 공사가 들어간 곳도 여러 군데다. 전민호 대표의 패기와 노련함은 나만의 식당을 갖고자 하는 이들에게 많은 것을 이야기한다. 이 글을 읽고 있는 당신은 당신의 식당을 갖기 위해 얼마만큼의 노력을 하고 있는가? 생각만 많아져 오히려 손과 발이 멈춰 있는 것은 아닌가?

계획하고 실행하고 검토하고 개선하라

외식업은 '외로워서' 외식업이라는 우스갯소리가 있다. 하루에도 수십 번, 수백 번의 복잡한 생각이 드는 일이다. 과거를 돌아보면 나 또한 그랬다. 이런 생각을 완전히 없앨 수는 없다. 경쟁자가 많다는 것은 기정사실이다. 그 경쟁자가 많은 업종에서 뒤처지지 않으려면 좋은 습관들을 만들어야 한다.

섣부르게 생각하지 말고 유행을 따라가지 말아야 한다. 유행을 선도해본 경험이 없다면 너무 유행에 집착하지 말자. 찌개 전문점을 하다가, 갑자기 브런치 카페를 해서는 안 된다는 말이다. 대패 삼겹살집을 하다가 갑자기 한우 다이닝을 하는 것은 흐름에 맞지 않는다. 불가능을 암시하는 말은 아니다. 도전이라는 단어에 심취해서 판단을 잘못하면, 역효과가 날 확률이 더 높다는 것이다.

물론 세상의 의견에 맞서는 것도 중요하다. 하지만 자영업에서는 맞서는 것만이 승리하는 것은 아니다. 사소한 것부터 큰 방향에 맞게 설정하는 습관을 들이자. 내가 겪는 모든 것들은 한 방향의 여정이며, 그 결과는 달콤하고 뿌듯할 것이라는 상상으로 현실을 길들이자.

덤프트럭에 실어온 모래, 흙, 벽돌이 아무리 쌓여 있어도 산이라고 부르진 않는다. 외식업 학습을 예로 들어보자. 마음이 있어야 외식업도 공부해야겠다는 생각이 들 것 아닌가. 사소한 것부터 하나하나씩 '실행'해 나가는 습관을 갖자. 계획Plan하고, 실행Do하고, 검토Check하고, 개선해 다시 실행Act하는 'PDCA'를 공부하자. 사소한 것에서 시작된 실행의 결실이 하나의 돌덩이가 될 것이고, 흙이 될 것이며, 단단한 벽돌이 될 것이다. 때로는 이정표가 될 것이고, 마침내 길이 될 것이다. 이렇게 통합적으로 축적되어 완성된 결과물을 사람들은 비로소 '산'이라 부른다.

전민호 대표보다 자신의 음식을 "정말 맛있습니다"라고 자신 있게 이야기한 외식인을 본 적이 없다. 그 자신감으로 손님에게 당당히 추천할 메뉴를 만들었고, 거의 모든 배달을 직접 뛰면서도 이 말을 놓치지 않고 했다. 맛에 만족한 소비자는 호응했고, 그는 매주 월요일에 매장 스무 개 이상을 돌면서 점주들과 소통했다. '이루고자 하는 꿈'이 그의 몸을 이끌었을 것이다. 꿈을 갖고 당당한 자신감을 가질 수 있는 시간을 보내면 자영업에서 이루고자 하는 바를 달성할 수 있다.

매일매일 운영일지를 쓰는 자영업자와 운영일지를 쓰지 않는 자영업자는 엄청난 차이가 생긴다. 개인적으로도 돌이켜봐도 운영일지를 잘 쓸 때가 연 매출이 가장 높았다. 우연이 아니라는 것을 꼭 잊지 않기 바란다.

규칙적인 패턴을 가진 자영업자는 성공 확률이 매우 높다. 다만 출근을 위한 출근이 되어서는 안 되고 장사의 부족함을 채운다는 일념을 가지고 사소한 것부터 시작해야 한다. 더 중요한 것은 그 사소한 것이 끊임없이 반복되어야 효과가 크다는 사실이다. 꾸준함을 당해낼 수 있는 것은 이 세상에 없다.

식당을 한다는 것

6,000원 청국장 팔아 월 매출
1억 원 만들었던 비결

외식업은 육체적, 정신적, 금전적 에너지가 엄청나게 소비되는 업종이다. 군대처럼 음식만 만들어놓으면 손님이 일렬종대로 서서 밥, 반찬을 떠 간 다음에, 알아서 식판 세척까지 해주는 일이 아니라는 것이다. 식당 사장이라면 영업, 요리, 경영, 마케팅, 홍보는 기본이요, 여기에 체력, 인내심까지 있어야 한다. 게다가 경쟁자들은 무수히 많다. 이런 현실 속에서 최고로 향하는 길을 스스로 찾아야 한다.

성공해본 사람이 또 성공한다고 흔히 이야기한다. 반대로 해석하면, 실패한 사람은 또 실패할 확률이 높다는 것이다. 외식업은 줄타기를 조금만 잘못해도 실패할 확률이 매우 높다. '극적인 경험'을 하자는 뜻은 에너지를 최대로 쏟은 경험을 해보자는 것

이다. 이유는 간단하다. 에너지를 최대로 쏟은 적이 있어야 애로
사항이 발생했을 때 극복할 수 있는 기준점이 생긴다. 그 기준점
을 반드시 만들어야 한다.

겨울 새벽을 깨운 100일의 약속

2008년 12월 한겨울에 식당을 처음 운영했다. 극적인 경험을
부러 만들기 위해 방법을 떠올렸다. 어려우면서도 누구나 할 수
없는 그런 일. 두 가지 조건을 동시에 만족하는 방법이 쉽게 떠오
르지 않았다. 식당을 처음 운영하면서 겪어야 할 시행착오는 당
연한 것이었지만, 미리 매를 맞고 싶었다. 아니, 그렇게 해야만
더 어려운 상황이 왔을 때 극복할 수 있는 동기가 생길 것 같았
다. 겨울에 힘든 건 무엇일까? 추위를 견디는 것이다. 추위를 견
디는 것과 식당을 관련지을 수 있을까? 추위를 견디면서 음식점
운영과 관련된 것을 찾자. 그럼 밖에서 해야 한다. 밖에선 뭘 하
지? 사람들의 눈에 띄는 청소를 해야겠다. 언제 하지? 사람들이
상상할 수 없는 시간에 하자.

　100일간 자신에게 약속했다. 달력에는 100일째 되는 날에 체
크를 해두었다. 100일 동안 이걸 지키지 못하면 난 아무것도 할
수 없다. 매일 새벽 5시 50분경에 출근했다. 영업시간은 다른 매
장과 마찬가지로 오전 11시였다. 새벽에 나올 필요가 없지만, 이

유는 있었다. 컴컴한 새벽에 식당 간판과 조명을 밝히면 매장만 환하게 보인다. 2차 대로변에 있었기 때문에 일찍 출근하는 사람과 택시 기사님들이 보게끔 만든 것이다.

매장 안에서 제자리 뛰기를 오랫동안 한 다음에 호흡을 가다듬고 겉옷을 벗었다. 반소매 면티만 입고 빗자루를 들고나와서 매장 밖을 쓸기 시작했다. 신호가 바뀌고 차가 지나가면 다시 처음 위치로 와서 쓸고, 또 쓸기를 반복했다. 주방 찬모님이 8시에 출근하셨기 때문에 약 두 시간 동안 주변 정리를 했다. 날이 조금씩 밝아올 때쯤 차창을 아예 내리고 나를 쳐다보는 분들도 있었다. 약속대로 100일 동안 단 하루도 어기지 않고 청소했다. 이 순간만큼은 세상에 나 혼자만 할 수 있는 일이라 생각하면서 했다. 뼈를 깎는 고통까진 아니었다. 스스로 하는 홍보, 바이럴 마케팅이라 생각했다. 매력적인 것은 비용이 1원도 들지 않았다는 것이다.

월 매출 2,000만 원이 가능했던 이유

음식을 잘 만들어 제공한 것도 원인이겠지만, 당시 6,000원짜리 청국장을 팔아서 100일 뒤에 월 매출 상승분만 1억 원이었다. 지금도 식당을 하고 있지만 말도 안 되는 수치다. 1년의 성과가 아닌 3개월 만의 쾌거였다. 외식업을 한 지난 시간을 떠올려보면 나에게 가장 자신감을 심어준 경험이 바로 이것이다.

음식점을 운영하면서 이런 것까지 해야 하냐고 반문하는 분도 있을 것이다. 그게 뭐가 중요한가. 적당한 노력으로 변화가 있을 거라고 믿는 것 자체가 잘못된 생각이고, 욕심이다. 목표를 이루기 위해서는 이제까지의 나를 넘어서는 각고의 노력이 필요하다.

식당뿐만 아니라 각 업계에서 성공한 대표들을 보면 공통점이 있다. 그들은 극적인 스토리를 가지고 있다. 물론 시간, 시기, 운, 비용, 광고, 사회상황, 콘셉트, 인테리어 등이 절묘하게 맞아떨어져서 처음부터 잘 되는 분들도 분명히 있다. 보편적 관점에서 볼 때, 성공한 대표들은 저마다의 사연을 가지고 있다. 속는 셈 치고 벼랑 끝에 자신을 한 번 세워보길 바란다.

나는 어떤 새로운 일을 할 때, '한겨울 100일 동안 반소매 입고 두 시간 동안 청소하기' 정도의 각오가 없으면, 성공 가능성이 없다고 판단한다. 성공 가능성이 없다면, 계획과 목표를 다시 세우는 데 참고할 기준점이 필요하다. 그래서 기준으로 삼을만한 극적인 사전 경험이 중요하다고 생각한다. 실패한 사업가가 재기에 성공하는 것도 이런 연유에 기반을 두기 때문일 것이다.

군대에서 가장 힘든 행군을 훈련소 행군이라고 한다. 난생처음 하는 행군이기 때문에 걸음 속도, 난도, 휴식시간, 총 소요 시간,

정신적 압박감 등을 모르기 때문에 정신적, 신체적 피로감과 부담감이 극에 달한다. 행군을 마치고 복귀했을 때의 희열감을 상상해보면, 이 주제의 핵심 내용을 충분히 짐작하리라 생각한다.

부산 만덕에 있는 〈대박 터진 돈가스〉다. 좁고 어두운 시장 안에서 팔던 돈가스가 각종 방송에 출연했고, 식당 이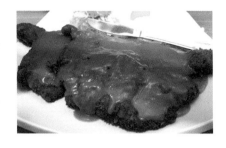름 그대로 소위 '대박'이 터져서 큰 건물로 확장해 이전했다.

식당을 한다는 것은 같은 일을 반복하면서 결과물을 만들어내는 것이다. 여러 영향으로 인해 매출이 줄어들면 고민은 증폭된다. 때로는 식당 운영을 수학 공식처럼 풀어야 할 상황도 있다. 그 외의 것은 운영자의 태도에 따라 달라진다. 사장의 태도가 식당의 운명을 결정한다고 해도 과언이 아니다. 장사를 잘하는 사람 중에 태도가 좋지 않은 분은 거의 없다. 여기서 말하는 태도는 겉으로 보이는 행동은 물론이요, 식당, 손님, 음식, 준비에 대한 마음가짐을 통합적으로 표현한 총체적 표현이다. 그래야 약소한 물병 하나를 드리더라도 "시원하게 드세요"라는 진심 어린 말이 저절로 나온다.

"고추장은 넣고 싶은 만큼 넣으시면 됩니다"

혹시 음식만 맛있게 잘 만들면, 식당 경영의 모든 문제가 해결될 거라고 생각하는가? 과연 음식이 맛있다고 손님들이 계속 그 식당에 줄을 설까? 지금까지 살면서 식당에서 가장 맛있게 먹은 음식을 순서대로 열 개 말해보라. 그 식당 열 곳 중에서 지금도 방문하는 곳이 몇 곳인지 확인해보라. 답을 정해놓고 질문을 한 거지만, 세 개가 채 안 될 것이라고 자신한다. 그게 현실이기 때문이다.

눈물을 흘릴 만큼 맛있는 음식은 이 세상에 없다. 어떠한 장소에서 어떤 음식을 먹는지, 그 공감각적 상황이 훨씬 중요하다. 언제까지 음식 맛에만 매달릴 것인가. 음식 맛이 중요하지 않다는 말은 아니다. 아닌 말로 30년 동안 그 음식의 맛을 계속 연구한

식당을 한다는 것

다면, 이야기는 달라진다. 만일 당신이 그 오랜 시간을 음식 연구에 매진했다면, 차원이 다른 음식이기 때문에 많은 사람이 세월의 역사와 함께 인정해줄 것이다. 중요한 것은 그럴 마음과 자신이 있느냐는 것이다.

청국장 하나로 일 매출 700만 원

식당을 어린애 장난하는 식으로 운영하는 사람은 없다. 설령 외부에서 그렇게 볼지 몰라도 모든 사장은 나름 진지하게 식당을 운영한다. 어떻게 해야 식당을 성공적으로 운영할 수 있을까. 예비 창업자나 현업 외식업자 모두 한 가지는 알아야 한다. 지금 내 행위가 내 모든 것을 만들어낼 거라는 믿음, 바로 그 믿음이 중요하다.

세계에서 가장 큰 도시락회사를 운영하는 김승호 회장님의 《생각의 비밀》을 보길 바란다. 외식업 이야기로만 해도 수십 권의 책을 쓸 수 있지만, 이 책은 마인드에 관련된 글이 더 많다. 이유는 간단하다. 그게 핵심이기 때문이다.

성공은 어떤 행위를 이루는 것이다. 잘하고 못함의 문제가 아니다. 오늘은 밥을 반 그릇만 먹는다 생각하고 실천하면 그것 또한 성공이다. 이런 소소한 성공들이 계속해서 쌓이면, 긍정적인 변화와 자신감은 저절로 생긴다. 외식업도 마찬가지다.

초등학교 6학년 때, 덩치 크고 싸움 잘하는 친구들과 해운대 해수욕장에 수영하러 갔다. 지갑과 소지품을 한데 모아 넣어둔 가방을 모래사장에 두고, 실컷 수영하고 오니 가방이 없어졌다. 발만 동동 구르다가 시간이 계속 흘러갔다. 동네에서 해운대 해수욕장까지는 버스로 한 시간 거리였기 때문에 요즘 말로 '멘붕'이 왔다. 싸움 잘하고 리드 잘하는 친구도 어떤 해결책을 찾지 못했다. 궁지에 몰린 우리는 내심 그 친구가 다른 초등학생에게 돈을 뺏어오기를 바라기도 했다. 한 시간이 지나도 해결책은 없었다. 나는 참다못해 길에서 손바닥을 펼치고 엎드렸다. 그렇게 모든 친구의 차비를 모았고, 무사히 집으로 돌아올 수 있었다.

그 후 나는 스스로 문제를 해결할 수 있다는 자신감이 생겼다. 그 경험이 길에서 찹쌀떡을 팔게 했고, 24시간 동안 잠을 안 자고 막노동을 하게 했으며, 하루에 세 건 이삿짐을 나를 힘을 주었다. 그 모든 경험은 나를 카드 영업 전국 챔피언으로 만들기도 했다. 이런 미래의 결과를 예측하고 길에서 엎드렸을까? 전혀 그렇지 않다. 핵심은 이것이다. 사소한 작은 행위가 앞으로의 삶의 방향을 잡을 수도 있다는 것이다.

다시 청국장집의 예를 들어보자. 주중에는 그런대로 손님이 있었지만, 주말이면 손님이 뚝 끊겼다. 가족들이 와야 매출이 올라가고 식당에 활기가 돌 터였다. 주변에서는 관공서 앞에서 장사하면 다 그렇다는 말만 했다. 중장년층을 공략해야 하겠다고 결론을 내렸다. 중장년을 감동시켜 휴일에 자녀와 부모님을 모시고 오게 하자.

청국장을 주문한 테이블에 가서 가장 연장자로 보이는 분의 비빔밥 그릇을 내 앞으로 가져와서 이렇게 말했다.

"오늘은 제가 청국장하고 나물 넣어서 가장 맛있는 비율의 비빔밥으로 만들어드리겠습니다. 잘 보시고, 다음에 같이 오신 가족분들께 알려주셔야 합니다. 자, 청국장은 수북하게 한 국자 반을 넣고, 고추장은 얼마만큼 넣어야 할까요?"
"반 숟가락? 아니면 한 숟가락이요?"
"넣고 싶은 만큼 넣으시면 됩니다."

이런 대화가 오고 가면 손님 대부분은 호쾌하게 웃는다. 이 접객의 목표는 '중장년층 감동시키기'였다. 감동 포인트를 찾고, 지속적으로 할 수 있는 일을 정한 것이다. 하루에 80퍼센트의 손님 모두 이렇게 비벼드렸다. 시간이 점점 흐르자, 손님들은 함께 온 손님에게 내가 한 이야기를 그대로 들려주며 밥을 비벼주었다. 이 사례를 외식업 공부와 연관시키자면 '고유의 강점Unique Selling Proposition'을 개발한 것이다. 고객에게 독특한 경험을 시켜준 것이다. 마침내 구청 앞의 식당은 토요일, 일요일에 가장 높은 매출을 올리게 되었다. 대표적인 호불호 음식, 청국장으로 주말 최고 700만 원의 매출을 올렸다.

뭐라도 해보려는 의지가 관건이다

한 번만 경험하면 된다는 말의 의미를 다시 한 번 상기하기 바란다. 한 번만 제대로 끌어올리면, 그다음에 파생되는 여러 가지 일들은 저절로 해결된다. 저절로 해결된다는 말의 의미는 물 흐르듯이, 어떤 방법으로 처리하면 되는지 떠오른다는 말이다. 그런 경험들이 쌓이면 어떻게 되겠는가? 자신감이 생기고, 용기가 생기고, 꿈을 이룰 방법이 생긴다. 이것이 외식업에서 성공하는 방법이다. 외식업, 자영업, 영업 모두 일맥상통한다.

이런 경험이 부족한 분들은 "이건 이래서 안 돼, 저건 저래서 안 돼"라고 말만 한다. 입에서 부정의 표현이 나오게 방치하면 안 된다. 식당 주인이 지치면 손님에게 최상의 음식과 서비스를 제공할 수 없다. 하나씩 성공하는 습관을 들이고, 이미 성공했다고 되뇌자. 성공한 외식업자 대부분이 이런 과정을 겪었다. 다만 이야기를 공개적으로 하지 않았을 뿐이다.

부산 연제구 연산동에 〈잼있는 부엌〉이라는 반찬가게가 있다.

지금은 수십 개의 학교 급식까지 책임지는 업체다. 황태은 대표는 14년 동안 대형 피자 브랜드 매장에서 아르바이트부터 시작해서 관리자가 되었다. 황 대표는 회사의 사정이 어려워져서 직원 감축이 일어

난 후 일을 그만두고, 심한 우울증에 빠져서 집에만 있었다. 미리 딴 자격증이 있었고, 영양사 자격증도 땄지만 할 수 있는 일도 없었고, 하기도 싫었다고 한다.

음식, 반찬 만드는 것은 잘했기에 이웃들과 나눠 먹었는데 시간이 지나니 이웃들이 재료비와 수고비까지 주면서 음식을 만들어달라고 했다. 용돈 벌이라 생각하고 계속 만들어주다 보니 우울증도 점차 사라졌다.

황태은 대표는 인수할만한 반찬가게를 알아보면서 인상적인 장면을 목격한다. 돌봄 교실을 운영하는 선생님이 학생 네 명의 밥을 해결하기 위해서 6,000원어치의 반찬을 사려는데, 주인이 거부하는 장면을 본 것이다. 황태은 대표는 그 선생님에게 본인

이 그 6,000원어치의 반찬을 해드릴 테니 반찬가게가 새로 바뀌면 오라고 했다. 그 후 선생님이 사간 반찬의 월 총액은 12만 원이었다. 진짜로 6,000원어치만 사가던 선생님은 고마웠는지, 미안했는지 주변 선생님들에게 반찬 가게를 소개했다.

〈잼있는 부엌〉은 현재 월 1억 2,000만 원의 매출을 올리는 매장이 되었다. 황태은 대표는 수십 개의 학교급식까지 맡으면서 매출을 급성장시켰다. 딱 한 번만 제대로 하면 된다. 그 믿음이 생기지 않아서 용기가 나지 않을 뿐이다. 지금 현재 겪고 있는 작은 경험에 물을 주길 바란다. 그러다 보면 싹이 필 것이고, 줄기가 돋을 것이며, 꽃과 열매가 열릴 것이다.

식당을 한다는 것

주방장과 찬모에게
정확하게 알려주고 요청하라

인간은 혼자 살 수 없다. 식당 사장도 살 수 없다. 사장 혼자서는 많은 것을 이룰 수 없다. 시너지 효과를 내기 위해서 반드시 여러 사람과 힘을 합쳐야 할 상황이 온다. 하지만 그전에 사장 혼자서 경험하고, 해결하고, 이겨내는 경험을 쌓아야 한다. 혼자서 밥 먹을 수 없는 사람이 어떤 일도 제대로 할 수 없는 것처럼, 식당 주인이 혼자서 여러 가지 일을 할 수 없으면 식당을 오래 운영할 수 없다.

식당 간판 디자인을 맡겨본 적이 있는가? 보통은 디자이너에게 알아서 해달라고 한다. 그렇게 무책임하게 일을 의뢰하다 보면, 수정 작업이 끝도 없이 진행된다. 디자이너는 스트레스를 받고, 의뢰자는 만족스럽지 않다. 그러다 어쩔 수 없이 의사결정을 해야 하는 시기에 불편하게 합의에 이른다. 가게 운영자가 배경색, 폰트 색, 배열 정도는 지침을 주고, 기본 디자인 틀을 잡아주면 디자인 작업이 빨라진다. 일을 맡겼으면서도 확실히 맡기지도 못하고, 수정 사항도 정확하게 알려주지 못하면 담당자들의 스트레스는 커진다.

음식도 마찬가지다. 주방장이나 찬모에게 이렇게 만들어달라, 저렇게 만들어달라고 하지 말고, 사진을 주던지 적어도 데코레이션과 비주얼에 대해 정확히 알려줘야 한다. 운영자의 의도를 정확하게 파악하고 요리한다면 다행이지만, 그들도 소비자가 원하는 완벽한 음식의 최종 형태를 파악하기는 어렵다. 직원들은 운영자가 만들어놓은 결정하에서 결과물을 보완할 뿐이지, 개선 방법을 제공해야 할 의무자는 아니다. 입장을 바꿔 생각해보라. 사장이 당신에게 음식 업그레이드 요청을 하면 어디서부터 어떻게 손을 댈 것인가. 실컷 만들었는데 계속 다시 만들어야 한다면 흔쾌히 하겠는가.

직원들은 운영자를 위해서 요리를 연구하지 않는다. 사장이 자기 직원은 그럴 거라고 믿는 것은 과욕이다. 사소한 것부터 시작해보자. 청결에 신경 쓰는 매장이라는 문구를 적을 때, 프린터로 출력한 글과 직접 펜으로 적은 글 중에서 어떤 글귀에 소비자의 불안감이 해소될까. 아마도 직접 펜으로 적은 글일 것이다.

식당을 한다는 것

작고, 사소한 아이디어는 성공의 불씨

엄궁 농산물시장에 있는 한 매장은 호랑이밤콩, 빨간약콩, 제비콩, 완두콩의 실물을 걸어두고 전부 파란 매직을 사용해 독특한 글자체로 글을 써두었다. 수많은 과일 가게나 채소 가게를 살펴보면, 사실 거기서 거기다. 하지만 이렇게 적어두면 소비자의 시선을 사로잡을 수밖에 없다. 이런 아이디어를 놓치지 말고, 식당에 접목시키자.

꼭 식당에서 판매하고 있는 음식만 개발할 필요는 없다. 창의력과 응용력을 키우려면, 다른 음식을 만들어보는 것도 도움이 된다. 관심을 두고 가까이하면, 언젠가는 활용할 수 있다. 어릴

때, 어머니가 보시던《여성중앙》의 부록으로 따라오는 '요리북'을 자주 봤다. 어머니가 실제 음식을 만드시면 요리북과 어떻게 다른지 살펴보곤 했다.

식당 운영을 무조건 이런 방법으로 해야 한다는 것은 아니다. 하지만 나에게는 많은 도움이 되었기에 드리는 말씀이다. 생각을 자주 하면 보편적인 것, 개선할 것, 나만이 만들 수 있는 독특한 것이 떠오른다.

작은 건새우, 일명 밥새우를 튀겨서 떡볶이 위에 올려보았다. 나는 맛을 먼저 잡기보다 비주얼, 스타일을 먼저 만들어보는 편이다. 소비자의 입장에서 새로운 음식이나 운영자의 입장에서 보여주고 싶은 음식들을 만들어보는 것이다. 맛은 중요하지 않다. 맛은 나중에 보완해도 된다. 습관적으로 시도해보는 것 자체가 장사에 큰 도움이 된다. 사례가 쌓이면 메뉴 콘셉트는 의외로

쉽게 풀린다.

보쌈 고기를 보관한다면 어떤 방법이 가장 좋을 것인지 진공 패킹을 해봤다. 실제로 편의점에서 판

매하는 제품들이 이런 가
정식 대체식품Home Meal
Replacement, HMR이다. 이
렇게 삶는 시간과 조리법
을 자료로 정리해두면, 다
음 테스트 시 쉽게 참고할
수 있다. 실제로 이런 작업을 반복하면 자신감도 생긴다. 개인 식
당을 운영하려는 예비 창업자와 현 사업자분은 직접 만들어서
시간별, 상황별로 점검하는 습관을 갖기 바란다. 이 습관을 들이
지 않고, 식당을 잘 운영하기 바라는 분이 있다면, 빨리 꿈 깨시
길 바란다.

대한민국 사람이라면 누구나 아는〈장충동 왕족발〉신신자 대
표님은 국내 프랜차이즈 업계의 신화적인 인물이다. 부산 동래
점 점주로 시작하여 지사장, 체인 본부장을 거쳐 사주 경영자가
되었다. 동래에서 영도까지는 대략 50분 거리인데, 이사 간 고객
이 영도까지 배달을 요청해서 직접 갖다 줬단다. 그 고객이 본사
사장에게 전화를 고마운 마음을 표현했고, 그때부터 본사에서
눈여겨봤다고 한다. 가맹점 매출 1위까지 했으니 더욱더 신뢰할
수 있었다.

이런 것도 '직접 할 수 있는 것'을 실행한 경우다. 현실적인 어

려움은 많을 것이다. 세상에 그렇지 않은 일은 없다.

어릴 때부터 궁금했다. 모든 사람이 열심히 '만' 하면 성공할 수 있을까? 재능도 자본도 없는데 그저 열심히 몸을 움직인다고 성공을 거머쥘 수 있을까? 그 의문을 해결하고자 습관적으로 대표님들의 대화, 행동 패턴, 몸짓을 더 세밀하게 관찰했다. 지금 생각하면 허무한 의문이었다. 답이 너무도 명확하기 때문이다. 좋은 습관과 자기 규칙을 갖지 않은 사람은 성공 근처에도 갈 수가 없다. 1퍼센트도 의심할 수 없는 진리다.

노포의 규칙성을 벤치마킹하라

"대표님, 정말 대단하십니다. 이런 식당을 어떻게 만드셨습니까?"
"아이고, 아닙니다. 무슨 말씀을요. 그냥 밥 먹고 사는 거죠."

성공한 식당의 사장들에게 그 비결이 무엇인지 물어보면, 80퍼센트 이상 이런 뉘앙스로 답한다. 틀린 말인지 궁금하면 직접 질문해보시기 바란다. 대답이 유사한 건 질문자의 나이, 경력, 태도, 의도에 따라서 응답의 수준이 정해져 있기 때문이다. 1단계의 수준을 가진 질문자가 5단계의 질문을 한다면 1단계의 답변으로 마무리해버린다. 왜냐하면 2단계 이상의 답변을 할 이유가 없기 때문이다.

자신의 업을 성공으로 이끌고 싶다면 규칙성은 필수다. 아니, 전부다. 경력이 쌓일수록, 또 다른 무기들이 필요한데, 결국 그 무기를 만들기 위해서는 규칙성이 동반되어야 한다. 규칙성을 가장 익숙한 단어로 바꾸면 습관이다. 습관은 패턴이다.

자영업에서 규칙성을 가장 잘 실현하고 있는 곳은 30년 넘은 '노포'다. 30년의 역사는 그냥 이루어지지 않는다. 규칙성 없이는 꿈도 꿔서는 안 될 일이다. 노포들이 사랑받는 이유는 그런 것이다. 어느 때에 방문해도 항상 똑같은 공기가 매장에 흐르고, 항상 같은 음식을 제공한다. "옛날하고 맛이 다르던데? 주방장이 바뀌었나?" 이런 말을 많이 들어보았을 것이다. 나는 사석에서 이런 이야기를 하는 분들에게 이렇게 말한다.

"30년 운영한 식당이 미치지 않고서야 왜 레시피를 바꿔서 영업하겠어요?"

그런데도 왜 맛의 차이가 나는가? 식당은 재료와 음식을 준비하고 문을 여는 시간이 있다. 그 시간대에 따라서 음식의 맛이 더 좋을 때가 있고, 조금 떨어질 때가 있다. 평소에 2시쯤 방문했을 때 뼈 해장국의 고기가 부들부들하고 적절하게 간이 베어 맛있게 먹은 경험이 있다고 하자. 그런데 다른 시간대에 방문했을 때는 살이 부드럽지 않고 간이 심심했다면? 경험한 맛의 차이는 방문한 시간 때문이다. 조리 변화는 없었다. 단순히 손님이 방문한 시간과 음식이 가장 맛있는 시간대와 맞지 않았던 것이다.

오래된 식당의 큰 장점은 규칙성 있게 운영한다는 것이다. 그게 아니라면 이미 식당 문을 닫았을 것이다. 노포 중에 잘 되는 곳이 많은 이유는 규칙성 때문이다. '별것 아닌 시간'만 쌓인 곳이 유명한 식당이라고 생각하면 곤란하다. 수십 년 동안 맥을 이어오면서 규칙성이라는 무기로 시간을 투자한 곳만이 얻을 수 있는 보상이다. 성공은 규칙성과 절대 비례한다. 우연히 찾아오는 운도 무시할 수 없지만, 확률 낮은 요소에 집착하면 안 된다. 운에 의지하는 것은 자기합리화의 지름길일 뿐이다.

규칙성 하나로 대한민국을 대표하는 식당이 된 곳이 있다. 콩나물국밥으로 유명한 전주 완산구 고사동에 있는 〈삼백집〉은 하루

300그릇만 팔면 마감한다. 명동의 곰탕 전설 〈하동관〉은 탕을 더 끓이지도, 남기지도 않고 딱 끓인 만큼만 팔면 문을 닫는다. 〈하동관〉은 매일 500

그릇 정도만 준비하는 것으로 알고 있다.

　수십 년 된 노포만이 가진 규칙성을 신생 창업자가 쉽게 판단하려고 하지 말아야 한다. '이런 규칙성을 가졌으니 이런 사랑받는 매장이 되었구나' 하고 생각해야 한다. 무엇이든 비교하는 순간 불행이 시작된다. "나는 이제 시작했어. 나도 30년 전부터 했다면 더 잘할 수 있었을 거야. 내 식당이 30년 뒤에 많은 사람에게 알려지도록 하자"라고 외치는 것이 맞다. 그리고 손님이 줄서는 식당을 만들고 싶다면 자신만의 규칙성을 만들어라.

'사장' 소리 빨리 듣지 말고,
6개월 이상은 밑바닥부터

어른들이 아이들에게 늘 이야기하는 것이 있다. 인사 잘해라, 골고루 먹어라, 일찍 일어나 더 많이 공부하고, 세상을 경험해라. 수많은 창업 책을 보면 늘 이야기하는 것이 있다. '창업 전 식당에 취직해서 일해보라.' 이 말은 식당 경영의 이런저런 어려움을 먼저 겪은 선배들이 초보 창업자에게 들려주는 최고의 조언이다. 절대 흘려듣지 않기 바란다.

나는 창업 전 식당에 취직해서 일해보지 않을 거라면, 외식업을 아예 시작하지도 말라고 하고 싶다. 음식과 요리를 좋아하는 지극히 개인적인 취향을 창업과 연결하면 곤란하다. 식당 창업은 음식을 좋아하는 정도로는 할 수 있는 일이 아니다.

외식업을 먼저 해본 경험자가 괜스레 겁주는 것이 아니라 그런 경우는 창업하지 말아야 한다. 온갖 애로사항을 다 겪은 선배 경험자들이 초보 창업자에게 쉽사리 질 만큼 현실은 녹록하지 않다. 외식업 5년은 중수 측에도 끼지 못한다. 신입의 패기로 매출이나 운영을 더 잘할 수는 있지만, 이는 시간을 견뎌낸 노련함에 비할 수 있는 장점이 아니다.

시행착오를 줄이는 게 돈 버는 것이다

인사 → 자리 안내 → 주문 → 조리 → 제공 → 추가 → 인사

접객의 패턴은 이 7단계를 거친다. 특별한 경우를 제외하고는 대부분 이 범주에서 벗어날 수 없다. 사장이 직접 요리하지 않고 레시피만 배웠을 때 문제점이 여기에서 나온다. 식당 운영 전반을 컨트롤하는 일이 취약할 수도 있다.

레시피는 배웠는데, 요리의 특징을 모르다 보니 음식이 제때 못 나가고, 식자재는 제때 소진되지 않는다. 그런 사이클이 몇 번 돌게 되면 문제가 발생한다. 식당은 물리적인 톱니가 없을 뿐이지, 시계 부속처럼 정교하게 돌아가야 문제가 생기지 않는다.

그런 문제점들은 식당을 시작할 때는 보이지 않는다. 그래서 이런 문제점들을 모르고 창업을 서두르는 경우가 많다. 십수 년

을 남의 식당 주방장으로 일하다 식당을 창업했을 때도 1년 안에 망하기도 한다. 그런데도 식당에서 실전을 배우지 않고 시작한다는 것은 위험천만한 일이 아닐 수 없다. 초보 창업자들은 배움의 길을 스스로 만들어나가는 것이 좋다.

잘 되는 식당일수록 초보 창업자에게 노하우를 쉽게 전수해주지 않을 것이다. 또 노하우를 알려주는 데 큰 비용을 요구할지도 모른다. 그것을 아깝게 생각하면 결과가 좋을 수 없다. 나 역시도 지금 생각해보면, 배우는 것에 투자하고 식당 운영에 전념했으면 더 좋은 결과물을 가졌을 것 같다. 가정은 의미 없지만, 시간을 되돌릴 수 있다면 정당한 대가를 지불하고 더 배울 것이다. 시간도 시간이지만, 시행착오를 겪어내는 데 소비되는 에너지 낭비가 상당하기 때문이다. 시간을 돈으로 바꾸는 행위는 굉장히 효율적이고 경영에도 큰 도움이 된다. 물론 최고의 보람을 느끼려면, 직접 해보는 것이 최고겠지만 말이다.

진짜 레시피 하나면 충분하다

장사가 잘되는 식당에서 레시피를 전수하는 행태는 보통 네 가지다. 좋은 레시피는 투여한 자본과 노력 이상의 성과를 낼 수 있으니, 초보 창업자라면 과도하게 소극적인 자세는 금물이다.

- 레시피만 구매

- 레시피 구매 후 교육

- 레시피를 전수받고 급여 대신 일하는 것

- 비용도 지불하고 일도 하는 형태

좋은 레시피는 투자 비용의 100배에 상응하는 이익을 낸다. 소요 시간은 능력에 따라 다르지만 1,000만 원짜리 레시피면 10억도 벌 수 있다는 말이다. 1,000만 원짜리 레시피는 최소 5년의 땀방울이 투자된 레시피다. 나 대신 노력한 사람의 노하우를 사는 것이다. 혹시 자존심과 뚝심으로 스스로 모든 일을 해보겠다고 생각하는가? 그것도 좋다. 자존심과 뚝심만으로 견딜 수 있다면 다행이다. 하지만 분명한 목적이 있다면, 그 시간을 줄이는 데 초점을 맞추는 것이 가장 현명하지 않을까? 시행착오로 시간을 허비하기에는 우리 인생이 너무 짧다.

2008년 첫 창업을 하면서 나도 수많은 창업 책을 읽었다. 경험자의 조언 없이 시작하는 데는 한계가 있다고 생각했기 때문이다. 현역 식당 운영자가 매장을 운영하는 법을 자세히 알려준 책은 없었다. 그때도 없고, 지금도 없다. 하루에 2,000명이 넘는 자영업자가 폐업하는 이 와중에도 말이다. 사실 그때는 화가 났다. 왜 식당 운영자분들이 본인의 노하우를 정리해서 책을 내지 않을까. 많은 분이 도움을 받을 수 있을 텐데. 이제는 이해할 수 있다. 본업하기도 바쁜데 무슨 책을 쓸 것이며, 무슨 노하우를 제공한단 말인가.

프랜차이즈 점주들을 살펴보면, 양심 없는 점주도 너무 많다. 잘되면 제 탓, 안되면 본사 탓이라는 말은 많이 들어서 식상할 정도다. 프랜차이즈 대표 대부분은 본사가 만든 시스템으로 창업자가 생활할 수 있게 한 것에 굉장한 보람을 느끼는 사업가들이다. 힘들어서 직접 할 생각은 하지도 못하면서, 타인이 만들어놓은 시스템에 대해서는 너무도 쉽게 왈가왈부한다. 나도 한때는 프랜차이즈가 굉장히 쉬운 일인 줄 알았다. 알고 보니 일반 식당보다 훨씬 많은 고민과 시행착오가 필요한 일이었다. 또한 타인의 자금이 들어가는 일이기 때문에 시스템이 없으면 실질적으로 운영하기 어려운 일이다.

정리하자면 개인 창업을 희망할 때는 6개월 이상 배워라. 역량 차이는 있지만, 6개월이면 외식업이 돌아가는 판을 알 수 있다. 그 시간도 아까우면 비용을 들여라. 방법적인 측면으로 이야기하는 것이지만, 6개월 이상 배우는 쪽을 단연 추천한다. 이것도 저것도 아니면 프랜차이즈를 선택하라. 자원봉사하는 프랜차이즈는 없다. 본사만 좋은 일 시킬 것 같다는 생각이 들면 안 하면 된다.

　　　　　　　　　　　　　　　　　식당을 한다는 것

2장

식당 사장이 꼭
갖춰야 할
조건을 공개합니다

**The secret of
a restaurant with
many
customers**

오직 나만이 할 수 있는
접객 기술은 바로 이것

당신은 어떤 유형의 사장인가? 식당을 시작할 때, 자신이 어떤 유형의 운영자인지 최대한 객관적으로 인지하고 있어야 한다. 그것은 식당을 운영하는 데 큰 자산이 된다. 예를 들어 친화력이 없으면 '인사'를 주력 무기로 삼지 말아야 한다. 반대로 친화력이 좋으면 인사와 주문받기 전 단계에 초점을 맞추는 것이 낫다.

친화력이 좋다면, 인사에서 장점을 극대화해야 한다는 말이다. "몇 분이세요?"라고 단순하게 묻지 말고 "반갑습니다. 추운 날씨에도 우리 매장을 방문해주셨네요. 자리 안내해 드리겠습니다"라고 살뜰하게 대화하는 것이 낫다. 이것을 영업에서는 '아이스 브레이킹ice breaking'이라고 한다. 얼어 있는 상태가 깨어진다는 뜻으로, 식당과 손님 간의 관계 형성이 시작되는 단계다. 아이스 브레이킹을 잘하는 사람이 영업 능력 상위권에 있는 사람이다. 참고하길 바란다. 단, 친화력이 없는 분들은 갑작스럽게 이런 어투를 따라 하려고 하면 분위기가 더 이상해진다는 걸 명심하라.

내 스타일에 영업 방식을 맞춰라

C 은행 카드 사업부에서 영업 챔피언을 하면서 영업 강의를 많이 했다. 지금 생각해보면, 27세 신입사원의 이야기에 귀 기울여준 30~40대 선배님들께 감사한 마음이 크다. "본인의 스타일에 영업 방식을 맞춰라." 강의할 때 가장 많이 했던 말이다. 설득과 논리가 무기인 사람은 오히려 친화력을 무기로 하면 역효과를 본다. 성실함을 무기로 내세우려면 지속적으로 얼굴도장을 찍는 것이 유리하다.

'인사'라는 것이 그렇다. 어색하게 쭈뼛쭈뼛할 바에는 안 하는 게 낫고, 목례를 깔끔하게 하는 것이 더 인상적이다. 인사는 손님의 마음을 사는 첫 번째 관문이다. 이 관문을 잘 통과하면 어지간한 실수를 해도 손님이 웃으며 넘어가기 마련이다. 좋은 느낌이 들었는데 곧바로 싫은 소리 하는 것은 굉장히 어려운 일이다. 백화점에 가면 기계적으로 인사하는 직원을 만날 수 있다. 그분들이 친절하다고 느낀 분은 아마 없을 것이다. 소위 '영혼 없는' 멘트라서 그렇다. 식당에서 만약에 이런 인사가 오간다면, 성격이 예민한 손님은 "그런 형식적인 인사를 왜 해요? 누가 시켜서 해요?"라고 시비를 걸지도 모른다.

인사는 자리 안내와 주문의 앞 단계에 있다. 서비스에 민감한 요즘 손님들은 초반 접객에 시원치 않으면 발길을 돌리는 일도 적지 않다. 별 이유 없이 빵 한 조각, 안 사도 되는 물건 하나 더 집어본 경험은 누구나 있을 것이다. 분명히 떡볶이 1인분 사러 왔는데, 집에 와서 보면 순대, 튀김 한 봉지도 들려 있는 그런 경험 말이다. 매출을 50퍼센트 상승시키는 첫 번째 방법은 인사를 잘하는 것이다. 허리를 굽혀서 하는 인사도 효과적이지만, 적재적소에 필요한 이야기와 함께하는 것도 중요하다. 이는 매출에 큰 도움이 된다.

긍정적 피드백을 유도하라

부산에서 갈비탕으로 제일 유 명한 〈대궐안집〉에 가면 지배 인님이 계신다. 내 기억으로는 20년 정도 지배인 일을 하신 것 같다. 지배인님은 깔끔하게 양

복을 입고 입구에서 모자라지도 넘치지도 않게 시종 절제하는 태도를 견지하며 손님을 맞이한다. 과한 인사가 친절한 인사라는 생각은 버리고 인사에 대해서 새롭게 생각할 필요가 있다.

"몇 분이세요?"라는 말보다 짧은 순간 자세히 관찰해서 "세 분이시죠?"라고 물어보는 것이다. 세 명이 맞으면 손님은 "네"라고 할 것이다. 이 "네"는 매우 중요하다. 긍정을 표현하는 객관식 단어. 소비자에게 서술형으로 답하게 하는 영업은 대부분 실패한다. 긍정적인 대답을 유도하는 것이 기술이다.

실수까지는 아닌 데 이런 말은 서투른 표현이다. "손님, 이거 더 갖다 드릴까요?" 손님 대부분은 이렇게 말한다. "아니요. 괜찮습니다." 대화상으로는 깔끔해 보이지만 '아니'라는 부정의 언어가 나왔다. 나쁜 기억은 없지만 단절되는 느낌을 준다. "손님, 더 필요한 거 같아서 가져왔습니다"라고 평서문으로 만드는 것이 훨씬 낫다. 군이 필요 없다면 거절하겠지만, 이런 대화에서는 보통 "감사합니다"가 저절로 나오게 되어 있다. 궁금하면 꼭 실험을 해보시길 바란다.

어색하다고 포기하지 말고 부딪혀라

장사를 오래 하신 분도 인사하는 것을 굉장히 어려워한다. 어색해하는 걸 보면 인사 따로 경영 따로인 것 같다는 생각이 든다.

식당을 한다는 것

그럼에도 불구하고 창업 초보자인 당신은 인사만 잘해도 매출이 올라간다는 사실을 잊지 말자. 자, 여기 70대 할머니 세 분이 들어오신다.

"아이고, 오늘 루즈 바르시고 오셨네요. 식사하시고 어디 마실 가시려고요?"

이런 말을 안 해본 분은 연령층별로 어떤 이야기를 좋아하는지 아직도 모르는 것이다. 인사가 어색하지 않게 나오는 연습을 계속해야 한다.

인간적인 소탈한 매력으로 남녀노소 누구에게나 자연스럽게 대하는 스킬은 처음부터 나오는 것이 아니다. 싫어도 부딪혀 보고, 말이 안 나와도 계속 꺼내다 보면 습득되는 능력이다. 세상에 저절로 되는 것은 없다. '이 말은 안 해도 되겠지', '이 말을 해야지'에서 이미 승부는 정해진 것 아닐까. 어색함 때문에 내 손님에게 고마운 마음을 보이지 못한다면 얼마나 아까운 일인가. 타고난 건 없다. 타고난 척, 자연스러운 척 해보면서 늘어가는 것이다. 그런 척도 계속해야 매장 일도 어느 순간부터 척척 돌아간다.

스스로 소비자라 생각하고 지금까지 방문한 식당을 떠올려보자. 그중 다시 방문하고 싶다는 생각이 든 곳이 있을 것이다. 나는 어느 한정식집이 떠올랐다. 예전에 그곳을 지인과 함께 방문했다. 사장이 예약한 나에게 정중하게 인사하고 함께 온 지인에게 더욱더 친절하게 인사하고, 특별히 제공되는 서비스 음식을 가져다줬다. 맛도 맛이지만, 서비스에 감동해 꽤 비싼 음식값이 아깝지 않았다.

이런 대접을 받은 예약자는 계속 손님을 몰고 올 것이다. 실제로 대중음식점에서는 이렇게 하기 어렵겠지만, 10퍼센트라도 적용한다면 손님들은 몰려들 것이다. 손님이 자체 홍보대사가 되어야 손님이 줄을 설 수 있다. 진심을 담아서 마음을 표현하는 것이 소비자의 재방문 의지를 독려한다.

무례한 손님에게 대처하는 자세

식당이 잘 되면 가지각색의 손님들을 만날 수 있다. 그중 소위 '진상'이라 하는 난감한 고객도 만날 수 있다. 진상 고객을 대처하는 방법이 있다고도, 없다고도 말하기 어렵다. 언제, 어떤 상황으로 공격해오느냐에 따라 변수가 달라지기 때문이다. 진상 고객은 눈에 보이는 직원을 그저 공격한다. 대개 직원의 잘못과는 무관하다. 이럴 때 운영자는 우선 진상 고객과 직원을 분리해야 한다. 자칫 심각한 상황이 오면 정신적 고통으로 직원이 그만둘 수도 있는 문제다.

그리고 시야를 넓혀 빠르게 판단한다. 문제의 원인이 완벽하게 직원에게 있는지, 아닌지부터 알아야 한다. 무조건 잘못했다고 고객에게 사과하면 그 상황에서 쉽게 벗어날 수도 있지만, 해결책을 제시하는 것이 우선이다.

진상 고객이라 할지라도 "이런 부분은 저희가 잘못했습니다. 불미스러운 일이 없도록 꼭 교육하겠습니다"라고 두 번 이상 정중하게 표현하면, 아주 특별한 경우가 아니면 화를 누그러트리고 넘어간다. 진상 고객은 평소에도 불만이 많은 경우가 대부분이다. 그런 분들은 일상생활에서 타인에게 인정을 받지 못한 경우가 많다. 조그만 착오나 오해가 있어도 공격적으로 바뀐다. 왜냐하면 자신을 무시한다고 생각하기 때문이다.

진상 고객에게 대처하는 완벽한 방법은 없다. 잘못을 시인하고 해결책을 제시하고, 이후 어떻게 개선하겠다고 정확하게 이야기하는 것이 가장 나은 방법이다. 요즘은 무례한 손님을 일반 손님들도 싫어하기 때문에 예의는 갖추되 너무 자세를 낮춰 응대할 필요도 없다.

요리에 '요'자도 모르는데
식당을 하겠다고?

현직 외식업자 중에 음식을 만들지 않거나 만들 줄 모르는 사람도 있다. 음식을 만들지 못해도 경영 능력이 뛰어나다면 식당 운영이 불가능한 것은 아니다. 하지만 소수의 성공 사례를 과도하게 믿고, 식당을 운영하면 위험이 가중될 수밖에 없다.

보통 주방, 홀에 일하는 직원분들은 다른 식당에서도 일해본 경험이 많다. 사장의 수준을 바로 알 수 있다는 것이다. 그 판단의 결과에 따라서 직원들은 요령을 피우기도 한다. 이런 이유 말고도 사장이 음식을 만들지 못하면 발생할 수 있는 문제가 많지만, 사장이 요리해야 하는 가장 중요한 이유는 이것이다. 직접 만들어봐야 어떤 재료가 들어가는지, 원하는 맛으로 음식이 제공되고 있는지를 알 수 있기 때문이다.

식당을 한다는 것

초보 창업자라면 새로운 아이디어로 승부하라

중식과 전혀 관련이 없는 업
종이지만, 10년 전에 직접 만
들어 본 '짬뽕'이다. 식당 사
장이라면, 자기 식당에서 판
매하지 않는 음식을 계속 연
습하는 것이 좋다. 업종과 다
른 음식을 만들다 보면 음식
조리 기법들을 자연스럽게
익힐 수 있다. 중요한 것은 계
속 시도해보는 것이다.

  식당은 '내가 팔고 싶은 음식을 내놓는 것'이 아니라 '소비자
가 원하는 음식을 내놓는' 곳이다. 철저하게 소비자 관점에서 만
들어보면 식당의 대표 메뉴가 될 파급력을 가진 요리가 무엇인
지 힌트를 얻을 수 있다. 예를 들어 짬뽕을 응용해서 짬뽕 칼국수
를 만들 수 있고, 소스의 양을 줄여서 중화볶음밥, 중화 비빔밥을
만들 수도 있다.

  외식업에는 요리 고수들이 많다. 조리학과, 자격증, 경력으로
중무장한 분들과 동일한 조건에서 싸워야 하므로 초보 사장의
성공 가능성이 크지 않다. 그들과 어깨를 견줄 수 없더라도 새로

운 음식을 만들 때만큼은 계급장을 떼도 된다. 요리 방식, 식재료를 잘 알고 있는 사람이라면 누구나 새로운 요리를 만들 수 있다.

레시피만 구하려고 혈안이 될 필요는 없다. 쉽게 구한 레시피 하나로 매장이 무조건 잘 풀리지는 않는다. 이때는 경력이 오히려 독이 될 수도 있다. 레시피만으로 100퍼센트 성공한다면 누구나 식당을 할 것이다. 연습만이 살길이다. 노력하지 않고 열매만 기다리는 것은 염치없는 과욕이다.

나는 요리를 따로 배운 적이 없어 요리책을 보고, 레시피를 응용하면서 나만의 스타일을 만들었다. 이 단계에서 맛은 중요하지 않다. 자신감을 얻기 위한 과정이라고 보는 편이 낫다. 어렵다고 생각하면 끝도 없다. 자주 만들어보면 푸드 스타일링도 향상된다.

사진은 관자로 만들어본 '관자 스테이크'이다. 관자를 구운 다음에 홀그레인 머스터드를 우측에 뿌리고, 전면에 마늘 소스를 놓았다. 고명으로는 빨간 고추를 올렸고, 열무김치를 후면에 배

식당을 한다는 것

치했다. 색감의 조화가 얼마나 중요한지 학습할 수 있었다.

　다음은 푸른곰팡이 치즈의 대표 격인 고르곤졸라 치즈로 만든 '고르곤졸라 스파게티'이다. 스파게티는 파스타의 한 종류고, 소비자들이 가장 선호한다는 알덴테al dente로 식감을 최대한 살렸다. 음식 만들기 전에 식재료를 공부하면 더 좋을 결과물을 얻을 수 있다. 고르곤졸라 치즈의 가격과 양에 대해서도 고민하게 되고, 상업용으로 팔기 위해선 어떤 재료들이 더 섞여야 하는지도 알 수 있다. 예를 들어, 파르메산 치즈를 더해서 만드는 것이 더 나은지, 파스타 전문점에서 사용하는 치즈의 양이 어느 정도인지 감이 온다.

사장이 요리하면 얻게 되는 것

경영자가 요리해야 하는 가장 또 하나의 이유는 소비자 만족과 경영상의 문제점을 발견할 수 있다는 것이다. 요리를 알지 못하면 음식을 만드는 과정을 이해할 수 없다. 그러면 주방 직원과 홀 직원에게 그저 감으로 업무를 지시하게 된다. 노련한 직원들은 사장의 업무 지시가 적절하지 않다는 것을 알고, 이내 사장의 지시를 무시할 것이다. 그런 일들이 쌓이면 직원들은 나름 합리적인 변명을 내놓는다. 매장이 제대로 운영될 리 없다.

사장이 음식을 만들 줄 아는 상태에서 레시피를 분석해야 원가를 정확히 분석할 수 있다. 요리를 모르고 주방장이 알아서 음식을 만드는 경우라면, 주방장은 레시피를 절대 공개하지 않을 것이다. 주방장이 그만두면 사장이 발을 동동 구른다는 것이 바로 이런 경우다. 원가 분석은 식당 운영의 필수조건이다.

초보 식당 사장이 알아야 할
벤치마킹 노하우 3가지

식당을 운영하려면, 음식 자체에 관심이 많아야 한다. 또한 음식을 판매하기 위해서는 음식을 잘 만들 수 있어야 한다. 잘 만들기 위해서는 맛이나 비주얼 감각을 계속 키워야 한다. 좋아하는 것을 잘하던지, 잘하는 것을 좋아하던지 둘 중 하나는 해야 자기만의 고유한 무기를 가질 수 있다.

내 스타일에 맞는 메뉴를 찾아라

음식 만드는 방법을 연구해보면, 자기 성향에 맞는 메뉴를 발견할 수 있다. 고기를 예로 들어보겠다. 육회, 제육볶음, 삼겹살, 수육은 조리법이 제각각인데, 그 방법을 볶기, 굽기, 삶기, 조리기 등으로 나눌 수 있다. 음식을 만들어보면 본인과 잘 맞는 음식을 찾을 수 있다. 예를 들어 아무리 육회가 좋아도 생고기 다듬는 일이 어렵거나 맞지 않으면 노력만으로는 한계가 있다는 말이다. 활동량이 많은 분은 몇 시간 동안 불 앞에 있어야 하는 음식과는 맞지 않을 것이다. 좋아하는 음식을 식당에서 판매하는 것이 가장 이상적이지만, 이성적으로 판단할 필요가 있다. 삼겹살을 좋아한다는 이유로 고깃집을 하는 경우는 그렇지 않은 경우보다는 즐겁게 일할 확률이 높겠지만, 단지 그 이유로 삼겹살집을 잘 운영할 수는 없다.

상권을 분석해서 입지에 맞는 매장을 구해놓고, 그 매장에서 무엇을 할지 아이템을 찾는 것이 흔히 말하는 '고수'의 방법이다. 실제로 눈으로 본 매장 중에서 가장 여기에 적합했던 곳은 송정 광어골에 있는 유명 국숫집 〈송정집〉이다. 나의 첫 책인 《식당으로 대박 내는 법》에서도 소개했던 장석관 대표님이 운영하는 매장이다.

〈송정집〉은 약 2년 동안 월세를 내며 적합한 아이템을 모두 테스트해서 최종 선택한 식당이다. 절대 초보가 흉내 내어서는 안 되는 형태의 창업이니 꼭 기억하면 좋겠다.

창조적으로 모방하라

벤치마킹은 식당을 분석하는 행위 중에 가장 효율적인 방법이다. 특히 아이템을 정해놓고, 벤치마킹 계획을 세워서 유명 식당을 방문해보면, 하루에도 비슷한 음식을 몇 번 먹으면서 테스트할 수 있다. 창업할 식당의 장단점, 보완점을 아주 빨리 찾을 수 있다. 여러 형태의 벤치마킹 프로그램이 있지만, 현재《외식경영》에서 추진하는 벤치마킹이 가장 활성화되어 있다. 여러 명이 같이 하면 공통 의견, 차이점, 독창적인 의견을 수집할 수 있다.

식당 사장 중에 음식을 좋아하지 않는데 식당을 운영하는 사람들이 있다. 음식을 많이 먹고 덜 먹고의 문제가 아니라 별 관심이 없다면 식당 사장으로 성공하기 어렵다. 또 자신이 하는 업종의 음식만 벤치마킹하는 사장도 있다. 안 하는 것보다는 낫지만, 답안지를 보면서 하는 벤치마킹은 스스로 가두어놓은 형식 안에서만 활용될 수 있다. 폭넓은 시각을 갖기 바란다.

홀로 식당을 방문한 지 25년 정도 되었다. 자연스럽게 만들어진 취미 생활이다. '혼밥'이라는 단어는 사용하지 않았지만 '가장 저렴한 비용으로 가장 기분 좋게 끼니를 해결할 수 있는 행위'라고 나름대로 정의 내리면서 다녔는데, 결국 혼밥 세상이 왔다. 이제 누구나 식당에서 사진을 찍는다. 보통 사람들이 '그냥 밥 한 끼'가 아니라 자기가 먹고 싶은 음식이 무엇인지 알고, 어디를 가야 할지 꼼꼼히 검색해서 목적지를 정하는 세상이 왔다.

벤치마킹은 측정의 기준점을 말한다. 이는 토목 용어에서 나온 말이다. 복사기 회사 제록스가 캐논에 시장 점유율을 뺏겼을 때, 개선 방법을 찾기 위해서 일본에 건너가서 조사 활동을 하던 방식이다. '베껴온다', '카피한다'와는 다른 개념이니 식당을 벤치마킹할 때는 항상 예의를 갖춰야 한다.

벤치마킹 이렇게만 해라

직원과 함께 벤치마킹하러 가는 것도 좋다. 식당을 벤치마킹할 때 장점뿐 아니라 단점도 같이 찾으라는 의견이 있는데, 정답은 없다. 판단은 자유에 맡긴다. 벤치마킹할 때는 확실히 '잘되는 식당'을 기준으로 해야 한다. 나중에는 장사가 안되는 곳에서도 '빼 오고 싶은 장점'을 골라 가져올 수 있지만, 처음에는 무조건 잘되는 식당에서 시작하는 것이 좋다. 그리고 장점 세 가지는 무슨 수를 써서라도 찾아내라.

단점을 일부러 찾지 않은 훈련도 필요하다. 잘되는 집에 가서 굳이 '단점'을 찾는 것은 벤치마킹의 자세로 적합하지 않다. 다만 객관적인 요소들을 나열하는 것은 필요하다. 보이는 단점은 타산지석으로 삼을 수 있지만, 보이지 않는 단점까지 일부러 끄집어내서 찾을 필요는 없다. 그리고 정중하게 질문하다 보면 말도 안 되는 힌트를 발견할 수도 있다. 장사가 잘되지 않는 식당도 살펴보면 몇 가지 힌트를 줄 것이다.

세월을 이겨낸 외식 경영자분들은 이 고충을 알기에 중요한 말 한마디를 해주기도 한다. 감사하게 받아야 한다. 직접 느껴본 분들은 알 것이다. 말 한마디 잘 듣는 것으로도 '1년'의 시간을 번다. 이것이 기본적인 벤치마킹의 자세다

　벤치마킹을 해본 적이 없는 분들은 우선 강박관념에서 벗어나야 한다. 식당의 모든 것을 가져오려 해서도 안 되고, 같은 아이템의 식당만 갈 필요도 없다. 생각과 관점에 따라서 많은 차이가 있겠지만 일반적으로 유념해야 할 벤치마킹 노하우는 세 가지다.

1. 전체적인 식당 콘셉트와 메뉴가 어울리는지 확인한다.

단순히 장사가 잘된다고 해서 식당의 분위기와 메뉴가 어울리는 것은 아니다. 남의 떡이 더 커 보인다고 내 식당에서 필요한 부분만 벤치마킹한 식당에서 가져온다면 정체불명의 매장을 갖게 될 것이다.

2. 음식의 구성을 관찰한다.

음식의 양, 메뉴 구성만 보고 빠르게 원가 분석할 수는 없겠지만 준거 가격을 적용하여 금액대를 살펴본다. 비싼지, 적절한지, 저렴한지만 우선 점검한다. 그 금액대를 그대로 적용해도 될지, 자

신의 식당과 비교해본다.

3. 식당에 손님이 많은 이유를 가중치별로 분석한다.

인테리어, 전체 콘셉트, 분위기, 음식 수준, 식기, 물리적 환경 등을 기준으로 순서대로 적어본다. 가급적이면 단점을 찾으려고 애쓰지 말고, 잘 되는 이유를 찾는 것이 훨씬 현명하다. 그렇게 객관적인 벤치마킹 자료가 만들어질 것이다.

식당을 한다는 것

무조건 손님 기억에
쨍하고 남을 음식을 만든다

어떤 음식을 떠올리면, 곧바로 생각나는 식당이 있다. 그 식당의 음식이 소비자의 판단 기준이 된다면, 식당 사장은 굉장히 유리한 위치에 있는 것이다. 내가 사석에서 자주 말이다. "사진만 봐도 어느 식당인지 알아야 한다." 전체적인 푸드 스타일이나 고명으로도 음식을 전혀 다르게 만들 수 있다.

'최초'로 남을 푸드 스타일을 개발하라

국수는 보통 물 국수와 비빔국수로 구분한다. 국수는 육수의 맛이나 면의 질감이 중요하다. '독특한 국수'하면 떠오르는 집이 있다. 삼천포 옆 사천읍 시장 안에 있는 〈예지분식〉의 국수가 그 주인공이다.

숙주가 푸짐하게 올라가 있고, 다진 홍합이 들어 있다. 국수에 조갯살을 다져서 올려두었으니 어찌 기억에 남지 않을 수 있을까. 고춧가루는 색감을 살려준다. 참기름과 짭짤한 고명들의 맛이 어우러진다. 게다가 테이블에서 직접 육수를 부어 먹을 수 있게 육수 주전자를 따로 준다. 단순한 배려지만 손님의 마음을 잡아끈다.

국수라는 기본 형태의 고정관념에서 벗어난다면 이런 간단한 방법으로도 소비자의 뇌리에 남을 수 있다. 이런 스타일의 국수를 개발하면 '최초'라는 타이틀까지 거머쥔다. 아니나 다를까. 티브이 프로그램 「생활의 달인」에도 방송이 되었다.

부산 동구 범일동에 가면 〈팔도통닭〉이 있다. 이 집에 가면 전 국민이 즐겨 먹는 치킨 스타일을 완전히 바꾸어버린 독특한

비주얼의 '야채통닭'이 있다. 나도 치킨 브랜드를 운영하고 있으므로 치킨을 만드는 기본적인 방법은 알고 있고, 소스 테스트도 많이 해봤다. 치킨의 수준

식당을 한다는 것

은 어느 정도 가늠할 수 있는데 〈팔도통닭〉은 맛과 양이 압도적이다.

당근, 양파도 있지만 신선한 쪽파가 포인트다. 치킨 양념에 채소를 비빈다고 맛이 쉽사리 나지는 않을 것이다. 강력한 맛과 향을 가진 쪽파의 기운을 누르고, 치킨 맛도 살려야 하니 그렇다. 〈팔도통닭〉은 수많은 테스트와 적절한 조합을 통해서 제대로 만든 치킨이다. 유명 치킨 브랜드의 영업이사를 했다는 박경득 대표의 야채통닭은 그 이미지가 워낙 강력해서 잊으려야 잊을 수가 없다. 〈팔도통닭〉의 행보가 기대되는 이유다.

일단 푸짐하면 눈이 간다

창원 마산합포구 중앙동에 가면 건물 2층에 〈녹우촌〉이라는 음식점이 있다. 들락날락하는 손님들이 많은 걸 보고 우연히 들어갔던 집인데 안 가봤으면 후회할 뻔한 집이다.

대한민국에 계란말이 싫어하는 사람이 있을까. 그 좋아하는 계란말이를 무시무시한 크기로 준다. 메인 김치찌개는 기본만 해도 괜찮겠다 싶다. 계란말이에 눈이 팔

리니, 몇 종류 안 되는 곁들이 찬도 부족하다는 느낌이 전혀 들지 않았다.

비주얼이 더 압도적인 음식들도 많지만, 일상에서 흔하게 먹을 수 있는 음식을 위주로 골라봤다. 일상 음식으로도 쉽게 찾을 수 있다는 자신감을 드리기 위해서 많은 사진을 포기했다.

소비자라면 어떤 음식을 찾을 것인가. 이성을 만날 때도 호감도는 3초 안에 결정 나는 것처럼 음식도 마찬가지다. 맛으로만 승부한다면 초보 창업자는 오히려 더 어렵지 않을까. 작은 관심을 가진다면, 이런 매력적인 비주얼을 가진 요리를 탄생시킬 장본인이 될 수 있다. 그 음식이 널리 알려진다면 얼마나 뿌듯할까. 한숨 섞인 푸념으로 하루하루 무미건조하게 지내지 말고, 시도해보기 바란다.

의외로 단순한 작업으로 대박집이 될 수도 있다. 그 행운을 바라기 전에 시도가 우선이다. 외식 콘셉트가 가미된 비주얼의 음식이면 소비자들은 더욱 열광할 것이다. 지속적으로 생산할 수 있는 콘텐츠까지 있다면, 확산성은 걱정할 것도 없다.

길이를 갑자기 알아야 할 때는 수저를 활용하는 것이 좋다. 크기나 무게를 알아야 할 때도 있다. 마찬가지로 벤치마킹이 예정된 곳에서는 저울을 미리 준비해 사용하는 것이 좋다. 저울이 없

다면 반드시 비
교할만한 물건과
함께 사진을 찍

어야 나중에 참고하기에 수월하다. 예컨대 갈빗집을 벤치마킹
할 경우, 젓가락을 사용해 고기의 길이를 측정하는 것이 효율적
이다.

이렇게 원재료의 길이와 무게를 측정하며 벤치마킹하다 보
면, 메뉴에 대한 새로운 생각이 떠오를 수도 있다. 역시 갈비탕을
예로 들어 생각해보자. 이를테면 '42센치 갈비탕'이라는 새로운
네이밍을 얻을 수도 있다. "드신 후 뼈 길이가 42센치보다 작으
면 20퍼센트 할인해드립니다"라는 슬로건도 떠오른다.

맞고 틀리고는 중요하지 않다. 벤치마킹의 과정 그 자체가 중
요하다. 새롭게 생각하고, 그 생각을 실행하는 과정을 통해 놀라
운 결과물을 얻을 수 있다.

장사에 자신이 있다면 원재료를 노출하라

외식업을 지켜본 결과, 장사가 잘되는 식당에서 사용하는 공통
된 노하우가 있다. 실전 장사에 도움이 되는 중요한 팁이므로 꼭
적어두기 바란다.

우선 원재료를 바로 보여주는 것이다. 예컨대 샤부샤부가 그

런 음식의 형태다. 모든 재료가 혼합되어 들어있지 않고 각각의 재료들을 보여주면, 손님의 재료의 신선도를 눈으로 확인하고 맛과는 또 다른 차원의 만족감을 얻을 수 있다.

두 번째는 높이 쌓는 것이다. 산더미 불고기가 가장 생각하기 쉬운 유형이다. 주의해야 할 것은 가열함에 따라서 양이 줄어드는 식재료가 아니면 굉장히 곤욕스러울 수 있다는 점이다. 히트하면 주변에서 쉽게 따라 할 수 있다는 것이 단점이다.

세 번째는 보편적으로 생각하는 음식의 크기를 바꾸는 것이다. 예컨대 큰 무로 총각김치처럼 담는 것이다. 너무 극단적인 예라 생각할 수 있지만 손님의 이목은 확실히 잡아끌 것이다. 찌갯집이라면 공깃밥 대신 그릇을 작을 것을 선택하고 밥을 많이 담아 고봉밥을 만들 수도 있다.

식당을 한다는 것

손님이 줄 서는 식당의
소름 끼치는 공통점

식당을 하면서 왜 공부를 해야 할까? 시간의 축적만으로도 충분히 성공할 수 있는 것이 식당 아닌가? 답을 이야기하자면, 공부하지 않으면 식당의 성공 확률이 낮아진다는 것이다.

잘되는 식당은 더 잘되고, 안되는 식당은 바닥의 끝을 모르고 계속 추락한다. 매출이 줄어도 아무런 문제가 없는 분이라면 신경 안 써도 된다. 그러나 생계형 자영업자 중 매출이 떨어져도 상관없는 사람은 없지 않을까?

공부하는 사장이 살아남는다

외식업 성공의 논리는 간단하다. 유지만 해도 이기는 게임을 하려면, 상대방이 놀고 있어야 한다. 그렇지만 노련한 외식업자는 대부분 공부를 계속한다. 나도 지금 대학원 외식 프랜차이즈 MBA 과정에 재학 중이다. 개인 자영업을 하는데 외식 관련 대학원을 꼭 다녀야 한다는 것이 아니다. 하지만 내가 아는 경험이 전부가 아니라는 것을 늘 인지하고 있어야 한다.

잘되는 식당의 계산대를 본 적이 있는가? 그 식당들에는 공통점이 있다. 바로 끊임없이 공부하고 있는 흔적이 식당을 운영하며 자연스럽게 드러난다는 것이다.

실제로 외식 프랜차이즈 대학원을 가보면, 개인 자영업자, 프랜차이즈 관련 임직원들이 대부분이다. 그들은 다른 자영업자들보다 식당을 훨씬 잘 운영한다. 이유는 간단하다. 배워야 산다고 믿기 때문이다. 정보 교류도 배운 만큼 일어난다. 겸손한 자세로 질문하고 답하는 과정을 겪다 보면, 당연히 학습이 필요한 분야라고 판단하게 되는 것이다.

기본적으로 외식업 학습은 다양한 관점에서 시작할 수 있다. 경영을 중심으로, 혹은 마인드를 중심으로, 또는 성공자 이야기의 중심에서 시작할 수 있다. 외식업 학습은 수능 시험 같은 것이 아니다. 외식업 공부는 그 시작은 있지만, 끝은 없다.

학교에서 배우는 외식업 수업은 크게 이론과 실기로 나눌 수 있는데, 실제로 실기를 현장에서 가르쳐 주는 경우는 거의 없다. 강좌나 레시피 전수가 있을 수 있지만, 이를 외식업 공부라고 볼 수 있을까. 기술적 추가 점수를 획득한 정도일 것이다.

외식업자들끼리 모여서 외식업에 관해서 이야기를 나누는 것도 공부라고 본다면 카페, 지역 자영업자 모임을 활용하는 것이 좋다. 외식 경영자 과정을 듣는 것도 주변 분들을 만나면서 현재 자신의 수준을 알 수 있으므로 도움이 된다고 생각한다.

온라인 마케팅의 감을 찾고 싶다면

식당 사장이라면 돈, 장사, 매출에만 너무 목숨 걸지 말고, 평생 학습하는 자세를 가져야 한다. 평생학습이 답이다. 그 사실을 믿지 않으면 불필요하게 시간을 허비할 것이다. 그런 과정을 겪지 말라고 미리 알려드리는 것이다.

SNS 온라인 마케팅만 봐도 그렇다. 온라인 마케팅 수업을 들어보면, 내가 한 번도 시도해보지 않은 것이 너무도 많다는 것을 깨닫게 된다. 이렇게 많은 것을 학습해야 하는지 의문이 들면서도 해야 할 것들이 그만큼 많다는 것을 깨닫게 된다는 말이다.

온라인 마케팅은 비용이 발생하는 것, 비용이 발생하지 않는 것으로 나뉘는데, 이것 또한 학습하지 않거나 정보가 없으면 헷갈릴 수밖에 없다. 특히 초보 창업자는 열정이 큰 만큼 본인의 생각대로 움직인다. 조심해야 할 점은 그게 전부가 아니라는 것이다. 외식업 시장은 어디서부터 어디까지 손을 대야 할지 모를 정도로 급변하고 있다. 그런 관점에서 보더라도 외식업은 평생학습의 영역으로 인지하고 접근해야 한다.

자영업자들이 무상으로 들을 수 있는 교육 중 '배민아카데미'에서 여는 강연이 있다. '배달의민족'에서 자영업자를 위해서 각종 주제의 강의를 주최한다. 주로 서울에서 수업을 진행하는 단점이 있다. 각계 전문가를 강사로 모셔 진행하는 강의인 만큼 자영업자들의 반응이 좋다. 서울에 거주하는 지인은 꼬박꼬박 출석하고 있다고 했다. 외식업계에서 알려진 많은 분이 특강을 하고 있으니, 효과적인 프로그램이라 믿고 이용할 수 있다.

짧은 강의로 목마름을 해결할 수 없다고 느끼는 분들을 위해 보통 10~12주 차로 운영되는 교육이 있다. 상권분석, 온라인 마케팅, 외식 콘셉트, 프랜차이즈 등의 교육이다. 어떤 수업을 듣든 바람직한 참여자의 자세를 갖추고 수업에 참여해야 한다. 하지만 적극적 참여자는 어디를 가도 30퍼센트가 넘지 않는다. 이 말은 적극적 참여자를 제외한 사람들이 수업에서 알려주는 방법들을 실제로 적용해보지도 않고, 효과가 없다고 이야기한다는 것이다. 학습자로서 아주 좋지 않은 태도라고 본다.

외식업자들을 만나보면 현재 학습하는 분과 그렇지 않은 분의 차이는 대화부터 알 수 있다. 학습하는 분들은 지금 행하는 이야기가 사소한 것이라 할지라도 지속적으로 탐구한다. 그렇지 않은 분들은 경험만 계속 반복한다.

처음에는 양자 간에 별 차이가 없지만, 시간이 지날수록 전자가 후자를 앞서기 시작한다. 그 시간이 쌓이면 전자가 훨씬 빠른 속도와 안정감을 가지고 치달린다.

마지막으로 결정권을 드리겠다. 외식업 공부를 하지 않으면 나와 가족이 힘들어질 확률이 높은데, 그래도 감으로만 운영하실 것인가? 선택은 당신의 몫이다.

사장 혼자 일 매출 148만 원, 실화? 실화!

식당을 한다면, 배달 서비스를 하기 싫어도 해야만 하는 상황이 오고 말았다. 배달을 전혀 하지 않는 홀 매장도 이제 배달을 해야 할지도 모른다. 어쩔 수 없이 매출을 맞추기 위해 배달을 해야 한다는 말이다.

배달은 크게 두 종류로 구분할 수 있는데 일반 홀 매장에서 배달을 추가한 경우와 배달만을 위해서 배달 매장을 차린 경우다. 후자는 비용이 많이 들지 않기 때문에, 배달업을 하는 사람 대부분이 뛰어들었다. 새로운 비즈니스 아이템이기 때문이다.

대한민국 식문화를 바꾼 배달 앱

최근 1~3년간 배달 앱의 발달로 인해 대한민국의 식문화가 완전히 바뀌었다. 도시락 업체들도 많이 늘어났기 때문에 상대적으로 홀 운영 매장들의 매출은 크게 줄어들었다. 1인 가구가 늘고, 비대면 사회에 들어서며 배달 시장은 날로 커지고 있다. 더욱이 코로나19로 배달 시장은 놀라운 속도로 성장했다. 숫자로 표현하는 것 자체가 의미가 없을 정도다.

배달업은 보통 소자본보다 적은 비용으로 이루어지지만, 세상 어느 곳이든 틈새를 뚫고 들어오는 사람들이 있다. 예를 들어 3,000만 원으로 만들어질 매장에 마케팅비 3,000만 원을 계획적으로 쏟아붓는 부르주아 배달인들도 있다는 말이다. 그걸 노하우라 착각하고 자랑하는 일도 있다. 여기서 살아남지 못하면 배달 서비스로 이익을 볼 수 없다.

유튜브에서 '3초 안에 손님을 사로잡는 비법'을 검색하면 필자가 운영하는 배달 전문 〈짐바로찜닭〉 관련 영상을 볼 수 있다. 배민아카데미의 김영갑 교수님께서 촬영한 내용이다. 상세한 내용은 유튜브 영상을 참고하기 바란다.

배달 서비스를 하는 주체는 사람이다. 따라서 인건비가 큰 비중을 차지한다. 두 명이 6시간 운영한다면 시간당 대략 1만 7,000원의 인건비가 드니, 하루 인건비만 10만 2,000원이다. 인건비를 보통 고정 지출의 20퍼센트로 잡으니, 하루 51만 원의 매출을 올려야 한다. 배달을 해보면 안다. 프랜차이즈가 아닌 개인 식당으로 50만 원 넘기는 일이 얼마나 힘든 일인지.

〈찜바로 찜닭〉은 론칭 단계부터 인건비를 줄이기 위해서 시험대로 매장을 만들어서 1인이 운영할 수 있도록 만들었다. 끈질긴 노력으로 하루 매출 최고 148만 원, 월 매출 2,480만 원을 올렸다. 착각하면 안 되는 것은 1인이 했다는 것이지, 1인이 무조건 할 수 있는 것은 아니다. 1인 운영은 개인차, 음식 객단가에 따라서 다르지만, 월 기준 1,200~1,500만 원이 최적이라고 판단한다.

나만의 시그니처를 만들어라

〈찜바로찜닭〉 ○○점을 맡은 한 점주님은 40대 후반의 여성이고, 자영업이 처음인 분이었다. 역시 처음에는 1인 운영으로 진행했고, 나중에는 몇 시간 정도 아르바이트생을 고용했다. 본사와 똑같은 시스템과 교육을 했고, 원칙을 지켜 고집스럽게 운영

했다.

배달 서비스가 점차 늘자 나름의 크리스마스 마케팅을 준비했다. 손뜨개질로 미니 모자를 만들어 콜라에

씌워서 배달을 보낸 것이다. 반응이 굉장히 좋았다. 자신의 캐릭터를 그려서 복사한 후, 소비자에게 편지를 쓰기도 했다. 작은 정성이지만 고객은 다른 가게에 비해 더 대접받았다는 기분이 들었을 것이다.

〈짐바로찜닭〉○○점은 김해 전 지역 최초로 위생등급을 통과한 배달 매장이 되었다. 깐깐하게 매장을 청소하고 위생에 신경 쓰면서 만든 결과물이다. 혼자서 일 매출 120만 원을 넘길 때도 있었고, 월 2,400만 원까지 매출을 올리기도 했다. 40대 후반 1인 여성 혼자서 연 매출 2억 원을 넘긴 건 외식업에서도 희귀한 일이다.

그런 모습을 보던 한 배달 기사님께서 〈짐바로찜닭〉○○점의 배달을 계속하다가 문의했다. 찜닭의 매출이 이렇게 나오는 게 이상하다면서 1개월을 지켜보셨다. 그 기사님은 지금 〈짐바로찜닭〉 장유점을 맡고 있다. 이명현 점주님은 당시에 오토바이 배달 일을 하다가 다쳐 깁스한 상태에서도 매장 공사 현장을 매일 지켜보셨다. 쩔뚝거리면서도 음식 준비를 소홀히 하지 않았다. 사모님이 거들어주셨고, 2020년 1월에는 배달대행을 제외하고, 본인이 직접 608건의 배달을 처리했다.

배달 서비스로 이익을 남기려면

음식 배달 서비스를 시작하려면 이 정도 각오는 해야 한다. 그리고 특별한 경우가 아니면 본인과 가족 두 명이 함께 운영하는 것을 추천한다. 월 2,000만 원의 매출을 넘기면 아르바이트생을 구하길 추천한다. 이제는 홀 매장에서도 배달을 필수로 해야 할지도 모른다. 배달하지 않겠다고 하던 홀 매장들도 서서히 백기를 들고 있기 때문이다.

외식업체가 배달을 안 할 수 없는 이유는 일단 매출 때문이다. 배달하지 않으면 매출이 무조건 떨어진다. 또 매출을 떠나서라도 자기 가게를 지역민에게 알릴 수 있는 가장 빠른 방법이다. 리뷰 댓글을 통해서 소비자가 음식을 어떻게 생각할 수 있는지 알수가 있다.

근래 밀키트 시장도 크게 성장하고 있다. 이제 프랜차이즈 본

식당을 한다는 것

부, 중도매상, 식자재 회사의 물건이 풀릴 것이다. 이런 스타일의 제품들은 다시 배달업에서 야식이나 사이드메뉴로 파생될 것이다. 예를 들어, 김치찌갯집을 하고 있는데 곱창전골이라는 제품을 야식 메뉴로 판매하는 것이다. 하루 매출 5만 원에 목숨 거는 사람들이 얼마나 많은지 못 본 사람은 모른다. 메뉴를 굳이 추가하고 싶은 것이 아니라, 그거라도 안 하면 못 살 것 같기 때문에 울며 겨자 먹기로 메뉴를 늘릴 것이다.

배달업의 명과 암

배달업은 소자본으로 창업할 수 있는 합리적인 형태의 업종이었지만, 이제 일반 식당도 배달을 한다. 생계형 배달업을 하는 외식업자들의 운명이 눈앞에서 그려지니 마음이 불편하다. 할인폭은 커지고, 서비스 물품은 증가하는 추세다. 배달비는 더 오를 것이고, 광고비는 당연히 비례해 상승할 것이다.

이 시장에서 승자가 되기도 어렵지만 승자가 된다 해도 진정한 승자일까 싶다. 생계형 배달업에 뛰어든 힘없는 외식인들이 과연 몇 년간의 혈투 속에서 살아남을 수 있을지 의문이다. 그런 악순환이 반복되면, 자신감과 자존감은 점점 더 바닥을 칠 것이다.

"손편지라도 써라. 가만히 있어서 해결될 일이 아니다." 같은 업종에 종사하고 있는 사람들이 자주 하는 말이다. 나는 사석에서는 손편지 같은 거 쓰지 말라고 하지만, 물리적인 힘으로 해결이 안 된다면 감정에 호소해서라도 나를 알려야 하는 시대가 오고 말았다. 그런 각오 없이는 지금의 시대를 이겨내기 힘들다.

식당을 한다는 것

개인 식당을 창업할 때 반드시 알아야 할 것들

식당 창업은 크게 두 종류로 나뉜다. 개인 식당을 열거나 프랜차이즈 가맹점을 여는 것이다. 개인 식당을 창업할 때 참고할 수 있도록 창업 프로세스를 단계별로 살펴보겠다. 각 항목 순서대로 메모하고, 정리해서 빼거나 더한 후 본인만의 창업 프로세스를 만들기 바란다.

지금부터 이야기하는 창업 프로세스를 알고 나면 개인 식당을 할 때, 신경 쓸 것이 얼마나 많은지 알 수 있을 것이다. 또한 이런 과정 없이 사업을 할 수 있는 프랜차이즈 가맹점의 장점도 알 수 있을 것이다.

개인 식당 창업 프로세스

우선 창업을 하는 목표가 무엇인지 설정해야 한다. 목표 설정에 취약한 예비 창업자가 많다. 단순히 투자비와 수익률 계산만으로는 사업의 방향이 잡히지 않기 때문이다. 사업성과 환경을 분석해야 한다. 이를 거시환경 분석Political, Economic, Social and Technological analysis, PEST이라고 부른다(공부를 위해서라도 내용을 자세히 찾아보길 바란다).

경영학에서 가장 많이 쓰이는 스워트Strengths, Weakness, Opportunities, Threats, SWOT 분석도 중요하다. 간단히 말하면 강점, 약점, 기회, 위협 요소들을 나열해보는 것이다.

그다음 업종과 업태를 선정해야 한다. 보통 사업자등록증에 음식, 한식으로 업종과 업태가 적혀 있는데 그보다는 음식 종류와 서비스 종류를 정리해야 한다. 요즘은 업종보다는 업태 분석을 잘해야 장사 잘되는 식당을 만들 수 있다.

예를 들어 업종이 고깃집이라면 업태는 무한 리필, 캐주얼, 특수부위 전문점, 다이닝 식당처럼 구분한 다음에, 고객이 직접 움직여서 음식을 세팅하게 할 것인지, 직원이 직접 구워주거나 풀서비스를 제공할 것인지 결정해야 한다. 중요한 것은 그 서비스 형태에 따른 인테리어, 익스테리어exterior, 브랜드 컬러, 브랜드 이미지 등이 탄탄하게 받쳐줘야 한다는 것이다.

식당을 창업하기 위해 투자금을 어떻게 마련할 것인가. 자기

자본, 대출, 투자, 동업 등의 형태를 명확하게 정하고, 이자와 대출금 상환 계획을 철저하게 세워야 한다. 쉬운 것 같으면서도 여러 변수로 인해서 상환 계획이 무너지는 경우가 많으므로 신경 써야 한다.

그리고 운영자와 직원을 어떻게 고용할 것이지 계획해야 한다. 업종, 업태에 따라서 인당 생산성은 차이가 난다. 이를 1인당 환산 매출이라고 하는데, 난이도나 경력, 나이에 따라서도 변동이 있으니 꼼꼼히 점검한다. 운영자와 직원의 경력이나 능력을 부각할 수 있는 요소들이 있는지도 살펴본다.

사명과 비전은 식당의 운명을 결정할 정도로 중요하다. 분명한 사명감과 목표가 있으면 어떤 고난이 와도 쉽게 무너지지 않는다. 즉 창업의 궁극적 이유와 창업의 목표를 정하는 것이 핵심이다.

그다음은 식당 콘셉트를 정리하는 것이다. 식당에 가장 중요하다고 생각한 것들이 이제야 나온다. 매장에서 '무엇을 팔 것인가?'가 핵심이 아니라 '왜, 어떻게 팔 것인가?'를 먼저 고민해야 창업 프로세스가 원만하게 흘러간다.

콘셉트가 정리되면 상권과 입지를 조사해야 한다. 국내 최고 상권분석 권위자인 김영갑 교수님의 《빅데이터 상권분석》을 읽어보기 바란다. 상권분석의 중요성을 알고 나니, 보통 창업자들이 얼마나 위험한 판단으로 창업을 하는지 알게 되었다. 부동산 점포 상황만 보고 창업하다니 이보다 더 무모할 수 있을까. 상권 공부를 하다 보면 판매하려고 한 음식을 그 상권에서는 판매해서는 안 된다는 결론이 나오기도 한다. 고심 끝에 상권을 결정했다면, 이제 점포를 조사한다.

익스테리어가 먼저, 인테리어는 그다음

여기까지만 읽어도 특별한 기준 없이 창업하려 했다는 것을 알게 될 것이다. 사실 경험만으로도 장사를 잘할 수 있다. 계속 말하지만 사업은 성공 확률을 높여야 하는 게임이다. 성공하지 못하면 그때부터 일어나는 악재들을 적어도 인지하고 시작해야 한다.

식당 경영도 엄연한 사업이다. 그저 음식 만들어 잘 팔면 된다고 막연히 생각하면 큰코다칠 수 있다. 시간이 흐를수록 경험이 많은 창업자보다는 분석을 잘하는 창업자의 성공 가능성이 커진다.

익스테리어와 파사드facade를 살펴보아야 한다. 파사드는 '건축물의 주된 출입구가 있는 정면부'를 뜻하는 용어다. 파사드와 브랜드가 고객 유입의 제1의 요소라고 생각하라. 잘 생각해보면 우리가 해외여행을 갔을 때 식당을 찾는 기준과 똑같다. 그러므

식당을 한다는 것

로 식당의 외부 환경이 식당의 운명에 가장 영향을 크게 끼친다. 고객이 들어와야 매출이 일어나기 때문이다.

파사드의 중요성은 시간이 갈수록 커지고 있다. 파사드는 고객에게 넌지시 알려준다. '우리 매장은 이 정도 수준에서 음식을 파는 곳이야.' 굳이 구분하자면 외부 디자인을 먼저 만든 다음에 내부 디자인이 나와야 콘셉트가 더 잘 맞을 것이다.

외관 작업을 마쳤다면 홀, 주방, 화장실, 기물, 테이블 등을 고려해서 인테리어 작업에 들어간다. 실내장식을 할 때는 체크리스트를 출력해서 하나씩 점검하는 것이 좋다. 검색해보면 꽤 괜찮은 체크리스트를 찾아낼 수 있다.

당장 종이를 꺼내 모든 과정을 기록하라

지금까지 여정이 길었다. 이제부터 해야 할 것이 드디어 메뉴 개발이다. 이미 개발이 완료되었을 수도 있고, 매장의 변화된 스타일에 따라서 메뉴 콘셉트를 보완해야 할 수도 있다. 메뉴 품목과 가격을 설정하고 메뉴 테스트를 지속적으로 한 다음에 메뉴 북을 만든다.

지금까지 설명한 창업 프로세스를 전체적으로 정리하고 순서대로 항목을 적어 출력한다. 연습장과 전지 한 장을 꺼내서 하나하나씩 채워나가면 빠진 부분은 무엇인지 쉽게 알 수 있고, 또 다른 아이디어가 생길 수 있다. 전체적인 개요가 보이기 때문에 수정, 메모 등을 빠른 속도로 할 수 있다. 이 정도만 정리해도 보통은 머리가 아플 것이다. 언제 이런 준비를 다 하냐는 푸념 섞인 한숨도 나올 수 있다.

전문 외식업체에서는 아주 오래전부터 이런 방식으로 창업을 해왔다. 장사가 잘되는 식당 대부분은 이런 과정을 거쳤을 확률이 높다. 세부적으로 들어가면 끝도 없다. 이 어려운 과정 끝에 만들어지는 식당이 하루에도 수천 개씩 생기는 걸 보면 참 신기하다.

엄청난 숫자의 창업자들이 준비 없이 시작했다가 애꿎은 비용만 날리곤 한다. 그리고 나서 좋은 경험했다면서 자신을 위로한다. 좋은 경험을 굳이 수천만 원에서 수억 원을 들여서 해야 하는 이유가 있을까. 소비자들은 이제 평범한 식당은 가지 않는다. 이유는 간단하다. 검색을 통해 평점이 좋은 가게를 찾고, 자신이 먹고 싶은 메뉴를 선정하기 때문이다. 상호, 인테리어, 메뉴 스타일, 금액, 분위기를 보면 가고 싶은 곳인지, 거를 곳인지가 보인다. 자신만의 뿌리를 만들 수 있는 외식업 공부를 꼭 하면서 창업의 전체적 설계도 및 순서도를 만들자. 외식업 성공의 지름길이 있다면, 아마 이 방법일 것이다.

식당을 한다는 것

3장

손님이 제 발로
찾아오게 만드는
식당 마케팅

**The secret of
a restaurant with
many
customers**

식당 이름을 잘 지어야
싸우지 않고 이긴다

부모님이 지어주신 이름으로 우리는 평생을 산다. 그만큼 이름은 중요하다. 식당도 마찬가지다. 잘 지은 이름은 좋은 기운을 줄 뿐만 아니라, 소비자에게 식당을 각인시킨다. 개인 식당은 상호 특허가 꼭 필요한 것은 아니지만, 훗날 사업이 커지면 곤란한 상황이 발생할 수 있으니 미리 준비하는 것이 좋다.

무엇을 중점에 두고 이름을 지어야 할까

브랜드 네이밍Brand Naming은 사업의 방향과 성패를 좌우한다. 실제로 주변의 외식사업자 분들을 보면 그런 흐름이 보인다. 물론 전체적으로 폭넓게 살펴보는 기획력이 뒷받침되어야 한다. 식당 기획과 브랜드가 전혀 다른 방향으로 흘러가면 매우 난감

한 상황이 생기기 때문이다. 브랜드를 먼저 정하고 거기에 맞게 식당을 기획하든지, 식당을 기획해놓고 브랜드를 만드는 것이 좋다.

나는 브랜드 네이미스트 자격증을 가지고 있다. 출원 중인 브랜드까지 포함하면 약 30개의 브랜드를 가지고 있는데, 그중에서 예를 들어보겠다. 배달 브랜드는 수없이 많다. 그 많고 많은 브랜드 중에서 소비자의 기억에 남으려면 어떤 이름을 지어야 할까? 고민하다가 원초적인 분석했다. 〈짐바로〉는 배달 전문 매장이다. 배달의 핵심 가치는 무엇인가? '배달'은 '지금 바로 만든 음식'을 빠르게 전달하는 것이 가장 가치가 크다고 생각다. 그래서 '지금 바로'를 계속 발음해보니 '짐바로'가 되었다.

〈짐바로〉라는 상호가 브랜드로 사용할 수 있는 것인지 알아보았다. 브랜드는 이름이 전부가 아니다. 이름과 콘셉트에 모든 것이 녹아들어야 완성되는 것이다. 〈짐바로〉는 바로 달려가는 느

식당을 한다는 것

낌이고, 그 느낌을 소비자에게 전달하기 위해 바람을 일으키는 이미지가 필요했다. 너무 많은 것을 전달하면 복잡해지므로 선의 굵기만 조절해서 뛰어가는 모습을 만들었다. 여기까지만 해도 브랜드가 된다.

〈짐바로〉를 영어로 적어보았다. ZIMBARO. 영어를 읽을 줄 아는 사람이면 한글과 똑같이 읽을 수 있었다. 실제로 경상도 사람들이 이야기할 때 '지금 바로'를 '짐바로'라고 발음한다.

브랜드 네이밍 실전 스킬

이름을 지을 때, 한자, 줄임말을 보통 사용한다. 예를 들어 돼지를 돈(豚), 닭을 계(鷄)로 바꾸어놓고, 누구나 아는 단어를 붙인다. 〈돈키호테〉, 〈돈이 돼지〉 같은 상호는 피하는 것이 좋다. 브랜드 네이밍은 단순한 이름 짓기가 아니다. 음식과 식당 전반의 수준이 이름과 걸맞게 가야 한다.

역으로 성공하는 사례도 간혹 있기는 하다. 이런 경우는 극적인 대비 효과가 있는 경우에 통한다. 예를 들어 코딱지만 한 중식당 이름이 〈북경광장〉이라면, 웃음도 주고 기억에도 남는 브랜드 네이밍에 성공한 것이다.

브랜드에 창업자의 숨은 뜻을 담아두는 것도 의미가 있다. 더 절대적으로 중요한 것은 기억에 남는 이름이어야 한다는 것이다. 개인 식당을 평생 유지할 목적이라면 더욱더 쉽게 브랜딩해야 한다. 이럴 때는 지역명과 음식 이름을 사용하는 것이 가장 보편적이다. 단점은 나의 상호를 다른 사람도 쓸 수 있다는 것이지만, 개인 식당에서는 크게 문젯거리가 되지 않는다. 아무도 못 쓰는 이름을 가질 계획이라면 더 구상을 잘해야 한다.

이름을 잘 짓는 방법은 상호를 많이 만들어보는 것이다. 책, 만화, 신문, 방송, 영화에서 힌트를 얻고, 아이디어를 융합해서도 만들 수 있다. 전체적인 조화도 중요하다. 음식을 먹을 때 왜 그런 말을 하지 않는가. "국물과 면이 따로 논다." 그렇다. 식당의 인테리어와 익스테리어, 메뉴 구성, 음식이 상호와 전혀 매칭이 안 되는 경우가 종종 있다.

식당 상호는 즉흥적으로 만들어지기도 한다. 즉흥적으로 만들었다고 상호 후보에서 탈락시킬 필요는 없다. 몇 분 만에 만든 노래가 국민가요가 된 경우와 유사하다.

쉽게 지어야 손님이 기억한다

상호가 식당 전반의 분위기와 맞지 않을 수도 있다. 메뉴와 상호를 연결시키면 몇 가지 부분에서 불협화음을 일으키기도 한다. 불협화음이 발견되면 즉각 상호를 바꾸는 것이 좋다. 나중에 후회할 것이 뻔하다.

나도 브랜드 네이밍에 실패한 적이 있다. 지금 잘 운영하고 있는 〈황금마늘보쌈〉이다. 황금, 마늘, 보쌈 모두 명사다. 상호보다 장사하는 게 중요하다고 생각하고 상호를 섣불리 선택했다. 지금 생각해보면 자만심과 애매한 자부심이 섞여서 선택한 이름이다. 극초보 수준의 브랜드 네이밍이라고 할 수 있다.

아쉬움이 남는 네이밍을 했을 때는 상호를 바꾸고 싶어도, 지금까지의 노력과 손님들을 생각하면 다시 바꾸기가 쉽지 않다. 간판과 리뉴얼 비용이 아까운 것과는 별개의 문제다. 독자분들은 이런 시행착오를 겪지 않기를 바란다.

이름을 짓는 것은 단순한 행위가 아니다. 전체적인 조화가 이루어지지 않는다면 모든 기운이 모여지지 않는다. 브랜드 네이밍은 무엇보다 마케팅 전략에서 우위에 설 수도 있는 매우 중요한 작업이다. 상표와 상호가 모여서 만들어내는 시너지 효과는 계산기로 환산할 수 없다.

브랜드가 곧 실적이자 돈인 시대가 되었다. 내가 직접 출원하고, 특허 등록한 몇 가지 네이밍을 참고하기 바란다.

- **짐바로** : '지금 바로'를 줄인 말. 바로 만들어서 달려가는 배달 음식
- **사다리치킨** : 국내 최초로 닭 다리가 네 개 들어간 치킨
- **백만 불고기** : 백만 불($)+고기. 백만(만인의)+불고기. 중의적 표현

- 100일째 맛남 : '100일째 만남'의 받침 변화
- 신속한 배다례 : '배달에'를 그대로 발음
- 미적분 : '맛'이 '쌓이는', '분식'을 한 음씩 한자로 따서 미(美)적(積)분 (粉)
- 회의시작 : '회'의 시작. '회의'시작. 직장인 타깃 횟집
- 차이나는 차이나 : 차이가 나는 중국 음식. 이중 의미
- 계탑마트 : 닭(鷄)을 판매하는 곳 중에서는 최고(top)의 매장. 한자, 영어 혼용

요즘 식당의 성패는
글쓰기라고?

식당을 하는 데 있어 글쓰기의 중요성은 너무도 크다. 감히 몇 단어로 정의하기 어려울 정도다. 글쓰기의 단점은 없다. 장점만 있을 뿐이다. 식당 운영은 글쓰기로 이루어진다. 억지로 붙인 말이라고 생각할 수도 있겠지만, 생각해보자. 식당을 보면 상호, POP, 메뉴판이 있다. 배달도 마찬가지다. 메뉴, 정보, 리뷰로 구성되어 있다. '글' 없이 작성할 수 있는 것은 아무것도 없다.

글쓰기는 곧 마케팅이다. 짧은 글이냐, 긴 글이냐의 차이가 있을 뿐, 글을 쓰는 모든 행위는 마케팅으로 이어진다. 마케팅은 다양하게 해석되지만 콕 집어서 글쓰기가 영업, 마케팅의 전부라 봐도 무방하다. 글쓰기가 익숙하지 않으면 부담스럽고 시작 자체를 하기가 어렵다. 글쓰기는 '글을 잘 쓰기'가 아니다. 글을 잘 쓰는 것을 생각하면 진도가 안 나간다. 일단 글을 쓰는 것 자체가 시작이다. 시간이 지나다 보면 익숙해지고 글쓰기의 포인트를 잡을 수 있다.

글쓰기는 무형의 적금이다

글쓰기를 피하면 식당을 알릴 수가 없다. 마케팅할 수 있는 수단은 무엇이 있을까. 나는 온라인 마케팅 회사 '원클릭컴퍼니'의 이사로 활동하고 있다. 또한 네이버 파워블로거 출신의 외식업자이다. 현재도 외식업을 운영하고 있으니, 마케터와 식당 주인의 입장을 모두 고려해 적어보겠다.

온라인 마케팅은 크게 네이버 블로그, 인스타그램, 페이스북 등 각종 SNS를 활용한 마케팅으로 정리할 수 있다. SNS는 글보다는 사진과 영상 위주로 돌아가고 있으니 블로그 포스팅이 글쓰기의 전부라 봐도 괜찮다. 따라서 블로그 포스팅은 매우 중요하다.

처음 식당을 할 때, 모든 음식 이야기를 글로 적었다. 식당과 관련한 글을 쓸 때, 나만의 패턴을 정했다. 그 음식이 생각난 동기 및 음식 자체의 스토리, 식재료에 대한 설명 및 추억, 유사한 음식점과의 차이, 이 집만의 유일함 등으로 기본 포맷을 설정하고 규칙적으로 작성했다.

글쓰기를 어떻게 해야 할지 모르겠다면, 사진처럼 만들어보면 실행하기 쉽다. 국내 어디에서도 이런 자료는 본 적이 없을 것이다. 개인 식당과 프랜차이즈 중에서 굳이 구분하면, 개인 식당에서 더 필요한 방법이다. 어떤 식당이든 SNS를 하면 게시물 1,000개는 있어야 기본은 했다고 말할 수 있다. 마케팅 회사를 통해서 비용을 지불하고 대량의 게시물을 올리는 방법도 있지만 추천하지 않겠다.

사진처럼 요리 프로세스별로 나열한 다음에 좌우, 우좌, 상하의 패턴으로 촬영도 하고, 글을 쓰자. 글의 길이는 중요하지 않다. 이런 작업을 끊임없이 하고 있다는 사실을 소비자에게 보여주는 것이 중요하다. 이 방법을 몰라서 못 했다면, 꼭 시도해보길 바란다. 적어도 동네에서 그 음식으로는 가장 유명해질 것이고, 운이 따르면 방송국에서 연락이 올지도 모른다.

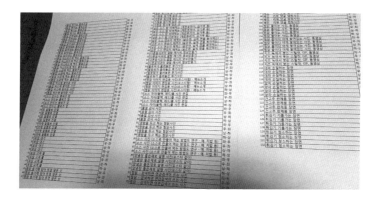

최대한 구체적으로 표현하라

글쓰기는 무형의 적금이다. 예를 들어 한 번 쓸 때마다 '나중에 돌아올 10만 원이다'라고 생각하면 재미있다. 30분에 10만 원이면 고수익 아닌가?

글쓰기는 식당을 알리는 카피를 작성하는 데 무엇보다 도움이 된다. 어렵게 생각하면 시작을 못 한다. 예를 들어 '돼지꼬리'라는 단어에 재미를 주자면 '스칸디나비아 st 수비드 돼지꼬리'라고도 할 수 있겠다. 스칸디나비아는 유럽 북단에 있는 반도를 말하지만 그런 건 중요치 않다. 관심을 끄는 것이 중요하다.

식당은 숫자를 잘 활용해야 한다. 예컨대 '24시간 푹 고아낸 설렁탕'이라는 식상한 문구도 소비자의 눈길을 사로잡는다. 다시 적어보겠다. '17시간 비법 숙성 수비드 돼지꼬리(feat. 스칸디나비아)'라는 문구를 만들 수 있다.

구체적인 표현일수록 소비자는 호기심이 증폭된다. 추가 세트 음식을 팔고 싶다면 어떻게 판매할 수 있을까. 정답은 없다. 마구 상상해 표현하면 된다. 그렇게 '17h 비법숙성 수비드 돼지꼬리(feat. 스칸디나비아) X 바싹 부추부침개'라는 메뉴명이 만들어진다. 음식을 이런 식으로 표현할 때, 소비자는 선명한 정보를 가지고 메뉴를 선택할 수 있다.

홈쇼핑 광고를 그냥 지나치지 마라

글쓰기는 기법이 아니라 연습에 가깝다. 연습을 계속하다 보면 조금씩 실력이 향상되는 단순한 구조다. 쉬운 책, 얇은 책부터 읽어가는 습관을 들이는 것이 중요하다. 한국인이 1년 동안 읽는 책이 평균 0.8권이라고 한다. '글쓰기의 3대 원칙'은 '다독(多讀), 다작(多作), 다상량(多商量)'이라고 학창시절에 배웠을 것이다. 중요한 순서도 같다. 많이 읽어야 많이 쓰고, 많이 써봐야 생각을 더 한다. 그다음부터는 무한 반복하면 된다.

글쓰기는 식당을 알리는 수단이다. 내가 경영하는 식당에서 일어나는 일, 알리고 싶은 일이 있다면 글로 적어보자. 그러면서 시답잖은 요소들은 제거하는 것이다. 그러다 보면 강조할 것과 버릴 것이 정해진다. 거기에 살을 더하고 빼고 칠하다 보면 유니크한 문구가 만들어진다. 본인이 카피라이터라고 생각하면서 적어보면 턱하고 걸리는 문장을 분명히 발견할 것이다.

시선을 잡아끄는 글을 쓰는 데 특효약이 있다. 홈쇼핑 광고를 자주 보길 바란다. 내가 실제로 도움을 가장 많이 받은 방법이다. 제품의 생존 여부는 방송 시 판매량과 밀접하게 연관된다. 관계자들은 물건을 판매하기 전에 충분히 검토할 것이다. 말이나 특정 문구에 계속 끌려서 리모컨만 들고 아무것도 하지 않은 채로 멍하게 홈쇼핑 광고를 봤던 경험이 있을 것이다. 그때 보았던 문구와 문장, 쇼호스트가 반복해서 이야기하는 것이 바로 마케팅이고, 그 마케팅의 시작은 글쓰기다.

독자분들에게 책을 한 권 소개하겠다. 국내 최고 쇼호스트 출신 컨설턴트 장문정 대표가 쓴《한마디면 충분하다》를 꼭 읽어보길 바란다. 영업 챔피언을 했던 나의 경험과 시각으로 봐도 판매 화법에서는 국내 최고다.

말이라고 전부 말이 아니고, 글이라고 글이 아니다. 마음을 담고, 감각을 담고, 비튼 것을 다시 풀었다가 또 배열하면서 그렇게 하다 보면 겨우 문구 하나가 완성된다. 조합된 문구들에 세월이 더해지면 분명 빛을 발하게 되어 있다. 그런 황홀한 상황을 온몸으로 맞기 위해서라도 해야 할 일이 바로 글쓰기다. 대전의 명물〈성심당〉에서 사용하는 '나의 도시, 나의 성심당' 같은 멋진 문구가 내 것이 안 될 법도 없다.

네이버 플랫폼을
최대한 활용하라

온라인 마케팅을 하지 않고, 식당 매출을 올릴 방법이 궁금한가? 방법이 없는 것은 아니다. 일단 탁월한 능력과 활동력에 기반해 식당 사장의 퍼스널 브랜딩이 잘된 경우는 식당이 저절로 알려진다. 예를 들면, 매달 하는 봉사활동, 동네에서 가장 친절한 사장님, 이웃과 소통하는 일 등 누가 보더라도 특별한 행위를 하는 것이다. 두 번째는 식당 사업 경력 5년 이상에 그 음식으로는 동네에서 꽤 이름이 알려진 경우다. 세 번째는 출중한 요리 실력으로 신문이나 방송에 이름을 알린 경우다.

초보 창업자는 이런 스펙을 갖기 어렵다. 온라인 마케팅을 피하는 것보다 적극 활용하는 것이 초보 사장에게는 훨씬 효율이 크다. 그렇다면 네이버 플랫폼을 이해하고, 식당을 알릴 방안을 마련하는 것이 중요하다.

스마트 플레이스를 선점하라

네이버 마케팅은 네이버 자체의 마케팅과 블로그 작업으로 구분된다. 네이버에서 제공하는 틀을 정리, 보완하는 작업을 통틀어서 네이버 마케팅이라고 생각하면 이해가 쉬울 듯하다. 네이버는 객관적 자료를 제공하는 플랫폼이다. 네이버 검색을 통해서 고객이 식당 방문을 결정짓기 때문에 소홀히 해서는 안 된다.

네이버 스마트 플레이스는 네이버 마케팅의 기본이자 핵심이 되는 곳이다. 네이버 검색을 하면 제공되는 첫 번째 메인 화면이 바로 스마트 플레이스다. 주소, 리뷰, 사진, 지도, 영업시간, 길 찾기, 공유 등의 기본 폼을 제공하고 있다. 식당의 기본 이력서라고 생각해도 되겠다. 식당의 첫 이미지를 형성하는 아주 중요한 작업이니 시간이 걸리더라도 제대로 만들어야 한다. 수정 작업은 얼마든지 가능하니 정보 업그레이드 사항이 있으면 번거롭다고 생각 말고 조금씩 수정해나가자.

네이버 예약이 많이 들어오는 식당은 네이버 마케팅이 잘된 것이다. 예약이 아예 들어오지 않는다면, 네이버 마케팅을 재점검할 필요가 있다. 소비자 선택의 경로는 간단하다. 세부 검색해서 예약하거나 찾아오는 것이다. 네이버 스마트 플레이스만 구색을 갖추어도 예약은 들어온다. 방문자들이 직접 선정한 점수, 메뉴 구성, 금액이 다 보이기 때문에 포스팅 몇 개 정도만 봐도 요즘의 소비자는 방문할 만한 곳인지, 패스해야 할 곳인지 금방 알 수가 있다.

포기하지 말고 멀티플레이어가 되라

수많은 식당에서 무차별 홍보 공격을 하니, 소비자는 정보의 홍수 속에서 허우적거리기 마련이다. 요즘 소비자들은 무척 똑똑하다. 경험을 통해 '이런 유형의 매장들은 실패한 적이 없었다'는 느낌과 감각이 있다. 그 감각에 근거해 별다른 문의 없이 네이버 예약 기능을 활용한다. 네이버 예약은 네이버 마케팅의 꽃이다. 아무리 잘 꾸며놓아도 예약이 안 들어온다면 온라인 장사는 허탕인 셈이다.

자영업자가 해야 할 일은 끝이 없다. 멀티플레이어의 수준을 뛰어넘어야 식당이 운영되는 시대에 돌입했다. 온라인 마케팅에 신경 쓰지 않고 매장만 운영하겠다고 고집부리다가 낭패를 본 경험이 있다. 이제는 네이버 마케팅만으로 승부를 보기가 어려워졌다.

자영업 매장도 빈익빈부익부(貧益貧富益富)가 심화할 것이다. 맥 빠지는 이야기지만, 특정 지역의 특정 자영업자는 월

3,000~5,000만 원 정도의 온라인 마케팅비를 쏟아붓는다. 일개 식당은 게임을 할 수도 없는 수준에 이르렀다.

　그렇다고 여기에서 포기하면, 정말 나락으로 떨어진다. 마지막 기회라 생각해야 한다. 그게 어떻게 기회냐고 반문하겠지만, 최대한의 효과를 찾을 수 있는 것들은 전부 찾아내야 한다. 모두 modoo 홈페이지, 네이버 예약, 네이버 톡톡, 네이버 블로그 모두 무료다. 비용이 발생하는 마케팅도 있지만, 비용을 들이지 않고 하나하나 할 수 있는 것도 무궁무진하다. 예를 들어 네이버 블로그를 활용하면, 본인의 매장에서 일어나는 모든 것들을 포스팅화해서 연동시킬 수 있다.

네이버를 이길 수 있는 플랫폼은 없다

네이버는 객관화된 마지막 검색 관문이다. 적어도 신뢰도를 기준으로 할 때, 네이버를 이길 수 있는 플랫폼은 없다고 생각한다. 네이버만의 패턴에 순응하는 것이 네이버 마케팅을 잘하는 것이다. 직접 따라 해보면서 작업해보거나 그게 도저히 어렵다면 온라인 마케팅 교육을 수강하는 것도 현명한 방법이다. 시간과 시행착오를 줄이는 일보다 효율적인 일은 세상에 존재하지 않는다.

　내가 처음 온라인 마케팅 강의를 들었을 때 처음 느낀 감정은 바로 이것이다. '너무 허무하다.' 혼자서 겨우 완성한 것들을 불과 몇 시간 만에 초보 창업자들이 적용하는 모습을 보니 그런 생각이 들었다.

주변 사람들은 이렇게 말할 것이다. 요즘 누가 네이버를 쓰냐고. 그런 근거 없는 주장은 들을 필요가 없다. 멀리 볼 필요 없이 최근 석 달간, 식당을 찾거나 장소 공유를 할 때 그 플랫폼이 무엇이었는지 짐작해보라. 네이버는 이기거나 정복해야 하는 대상이 아니다. 네이버 정책에 자영업자가 맞춰가야 한다.

그리고 네이버 스마트 플레이스 기능을 활용해 경쟁 식당을 분석하는 것이 좋다. 온라인 매체를 잘 활용하며 굳이 발품을 팔지 않고, 상대방의 장점과 단점을 파악할 수 있다. 또한 내 식당이 어떤 점에서 우위에 있는지, 어떤 점에서 부족한지 이해하고, 개선 방안을 찾을 수 있을 것이다.

소비자는 같은 값이면 더 나은 곳을 선택한다. 그런 소비자를 잡아야 내 식당의 매출이 올라간다. 소비자는 구색을 잘 갖춘 식당에 눈길을 준다. 그리고 식당 URL을 링크해서 지인에게 보낼 것이다. 그 링크가 본인의 매장이기를 바란다면, 네이버 마케팅을 배제하고서는 얻을 수 없는 결과물이라는 것을 잊지 말라.

시대의 흐름을 잘 읽는 사장은 성공할 수밖에 없다. 우리는 오래된 것, 지나간 것에 과도하게 가치를 부여하는 경향이 있다. 과거에 갇혀 있는 사람은 현재를 살 수 없다. 현대사회의 흐름을 읽고, 소비자가 선호하는 방식에 맞춰서 식당을 경영하는 사장이 어떻게 성공하지 않을 수 있겠는가.

파워블로거가 알려주는
글쓰기 솔루션

식당 사장의 경영 마인드를 세상에 표현하는 것은 온전히 그의 글쓰기 능력에 달려 있다. 글쓰기가 약하다는 말은 영업, 마케팅 적인 요소가 취약하다는 말이다. 글이 완성되어야 홍보 문안이 나온다. 광고 회사, 디자인 회사에서 삽입하는 문구로는 한계가 있다. 식당 사장이 자기 식당의 장점을 더 잘 안다는 말이다. 전문가의 영향력이 빛을 발하는 것은 그다음이다.

'소통'은 단방향, 양방향의 두 종류가 있다. 진정한 소통은 물론 양방향 소통이다. 인스타그램이나 페이스북을 보면 유난히 소통을 잘하는 분들이 있다. 인사만 여기저기 잘하는 것이 소통의 전부라고 봐서는 안 되지만, 그 행위는 적어도 소통의 시작이 될 수 있다. 현실적으로 전화나 문자 안부를 가끔 묻는 지인이 그렇지 않은 지인보다 가깝게 느껴지는 것과 일맥상통한다.

파워블로그가 어떻게 만들어지는지 궁금하다면

국내 최초 외식 자영업자 출신 네이버 파워블로거. 내 인생 타이틀 중에서도 각별히 의미 있게 생각하는 부분이다. 2006년에 처음 블로그에 글을 썼다. 공유한 글까지 포함해서 딱 네 개의 포스팅을 했지만, 댓글이 달리지 않아 재미가 없어서 그만두었다. 어릴 때부터 음식 이야기를 좋아해서 시작했는데 아무 반응이 없어서 그만둔 것이다.

4년 뒤에 블로그를 다시 시작하게 된 계기는 10년을 넘게 알고 지낸 지인이자 맛 칼럼니스트로 활동하고 있는 박상현 작가의 블로그를 본 것이다. 그 사이 시대가 바뀌었고, 음식에 대한 사람들의 관심이 크게 늘었다.

그 당시는 온종일 식당 운영에 집중하고 있을 때라 소통할 창구도 없었다. 체력을 믿고 일할 때라 18시간 동안 의자에 한 번도 앉지 않고 온 매장을 누비고 다녔다. 정산하고 시간이 남으면 블로그에 글을 쓰기 시작했다.

블로그를 접었다가 4년 만에 처음 쓴 글이 '양, 대창, 곱창, 막창 구분하기'였다. 양곱창집에는 곱창이 없고, 거의 대창이 있는데 양대창집을 왜 양곱창집이라고 하는지 궁금하지 않은가? 당시만 해도 음식 포스팅에 반찬 이름만 올라오던 시절이라 획기적인 아이템이라 생각했다. 반응이 폭발적이었다. 입소문이 빠르게 퍼져나갔다. 그 글의 반응이 없었더라면 파워블로거도 못했을 것이고, 작가의 꿈도 이루지 못했을 것이다.

이야기의 핵심은 '4년 뒤에 다시 시작했다는 것'이다. 멈추었으면 아무 일도 생기지 않았을 것이다. 나의 글쓰기는 블로그가 전부였다. 그전에는 글을 쓸 일도 없었고, 글쓰기를 잘하는 편도 아니었다.

글을 잘 못 쓰면 자신이 쓴 글을 드러내기 두려운 법이다. 그렇다고 걱정할 것 없다. 글솜씨가 부족하면 정보로 보충하면 된다. 블로그는 완벽한 자신만의 공간이다. 진솔한 이야기가 담겨 있으면 구독자는 늘어난다. 절대 잊지 말아야 할 것은 꾸준함이다. 흥미를 느낀다면 이보다 재밌는 일도 드물다. 그러기 위해서는 일정 시간의 투자는 필수다.

블로그 포스팅은 두 종류로 생각해야 한다. 상업용 블로그와 비상업용 블로그, 두 용도로 사용하는 것이다. 돈을 지불하는 마케팅은 상업용이다. 그렇다면 비상업용 블로그를 내 걸로 만들어서 글을 써야 한다. 팬덤을 만들어야 한다는 말이다.

나 자신을 브랜드화하라

팬덤을 만들기 위해서는 규칙적으로 글 쓰는 모습을 보여주고, 독자에게 무엇이든 전달하면 된다. 그러면 글의 구독자가 한 명씩, 한 명씩 움직인다. 나는 '이웃 추가'를 해본 기억이 거의 없다. 혼자서 글만 썼다. 그렇게 했음에도 10년 전에 이웃 수가 3만 명이었다. 하물며 '이웃 추가'를 하면서 소통하면 훨씬 빠른 속도로 블로그가 성장할 것이다.

포스팅을 본격적으로 시작할 거라면 요일과 시간을 정해서 작성하는 습관을 기른다. 약간의 강제성을 접목하는 것이다. 갑자기 오늘 포스팅을 끝냈는데, 다음 날 글 쓸 내용이 막 떠올라도 나는 쓰지 않았다. 핵심 단어나 문장 정도는 연습장에 적어두고, 가급적이면 작성하지 않았다. 왜? 규칙성에서 어긋나니까. 제아무리 검색 엔진이 최첨단이라도 규칙성에 가장 높은 점수를 주지 않겠나? 네이버에서 공개하는 로직이 있지만 세부 내용을 알려주지는 않는다. 특히 가중치가 높은 순서는 알려주지 않는다.

이러한 체계로 움직인다는 사실을 알았으면 다른 것은 신경 쓰지 말고, 그냥 적으면 된다. 왜? 검색 순위에 올리는 마케팅용 블로그가 아니기 때문이다.

내 블로그는 비상업용 블로그다.
그러나 이웃 맺기를 잘해서 소통할 것이다.

규칙적으로 작성하는 모습을 포스팅에 녹여보자.

이것을 블로그 운용 원칙으로 삼기 바란다. 그 이상의 효과를 얻기 위해서는 온라인 마케팅 공부를 따로 해야 한다. 이 책의 독자분들은 외식업에 종사하고 있을 확률이 높으므로 음식 관련 글을 올리는 것이 쉬울 것이다. 블로그를 운용하다 보면 매일 똑같은 일을 계속 적을 수도 없고, 답답한 생각도 들 것이다. 그래도 이유 불문하고 올려라.

홍보 포스팅을 올리는 알짜 팁

카테고리는 너무 많이 만들지 말고, 3~5개만 사용하시라. 파워블로거 당시 음식 담화, 식당 담화, 단문 이렇게 세 개의 카테고리만 사용했다. 카테고리 명에서도 알 수 있듯이 음식 이야기, 식당 이야기가 핵심 아이템이었고, 시간이 지나면서 음식, 식당 이야기하면 내 블로그가 거론되었다. 포스팅 내용이 음식 이야기, 식당 이야기니까 카테고리, 블로그 콘셉트도 다 맞아떨어진 것이다. 예를 들어서 카페를 운영하는 사람이 블로그를 맛집, 고깃집을 중심으로 채운다면 전문적인 느낌을 줄 수 없다.

파워블로거 활동을 할 때, 사진보다 '글'을 위주로 운영하는 파워블로거가 드물었다. 황교익 선생님은 '식재료', 박상현 작가님은 '음식 문화', 나는 '식당'을 주 타깃으로 글을 썼다. 포스팅이 쌓이면, 글쓰기 실력도 향상된다. 몇 년 지속적으로 하다 보면, 생각지도 않았던 결과물이 생길 것이다.

마지막으로 강조한다. 특히 비상업용 블로그는 인간미 있게 운영하길 바란다. 검색 효과를 높일 수 있으면 더 좋다. 그 이상은 온라인 마케팅 교육을 통해서 습득하길 바란다. 스스로 익히기에는 혼란스럽다.

《온라인 마케팅 실무》를 보면 아주 쉽고 상세히 적혀 있다. 김영갑 교수님은 블로그만 15년 이상 운영 중이고, 강상현 강사는 블로그 포스팅 글쓰기로부터 시작한 온라인 마케팅 전문가다. 그들의 가르침을 믿고 시작해보면 양질의 블로그를 운영할 수 있을 거라고 확신한다.

아무리 시대가 바뀌었다 해도 본질을 이길 순 없다. 누군가는 그럴 것이다. "요즘 누가 블로그 하냐?" 해석은 분분하겠지만, 이렇게 정리하겠다. "누가 뭐래도, 객관적 신뢰도는 블로그가 1위다." 본인과 본인의 식당을 누구보다 정확하게 알리고 싶으면 더욱더 블로그를 시작하라.

식당을 한다는 것

식당을 한다면
세상에서 가장 재미있는 이야기

허영만 화백이 그리고, 이호준 작가님이 취재한 글이 녹아든 대작 《식객》은 대한민국 외식업 역사에 지대한 공을 세웠다. 2002년 9월 2일 '어머니의 쌀'을 첫 연재로 시작하여 2010년 3월 9일 '밀면'으로 마지막 회를 장식한 《식객》은 엄청난 양의 음식 정보를 제공했다.

음식 이야기를 좋아해서 단행본으로 출간된 《식객》을 누구보다 먼저 읽기 위해 만화방을 수시로 드나들었다. "《식객》 나왔어요?"라고 묻고, 아직 안 나왔다고 하면 바로 발길을 돌렸다. 《식객》 아니면 만화방에 갈 이유가 없었다.

나에게 세상에서 제일 재밌는 이야기는 아직도 음식 이야기다. 그래서 《식객》이 정말 좋았다. 섬세한 묘사에 맛집까지 소개하고, 인간미 넘치는 스토리까지 있으니 더할 나위 없었다. 당시 카페에서 식객에 나오는 음식점을 포스팅하면 댓글이 엄청나게 달렸다.

외식업의 흐름을 바꾼 단 하나의 책

카페와 블로그, 식당을 운영했던 나는 외식업 문화가 크게 바뀌는 것을 체험했다. 최근 10년 동안에 국내 외식업 문화가 크게 바뀌게 된 이유 중 하나는《식객》에 있다고 생각한다. '음식 이야기'는 그전까지만 해도 음식을 정말 좋아하는 사람이 아니라면, 대화 주제로 삼지 않던 이야기였다. 음식 이야기에는 인생이 기본적으로 담겨 있다. 음식과 삶의 이야기를 적절히 융합한《식객》은 2006년에 영화로 만들어지며 300만 명의 관객을 불러모았다.

　음식에 대한 대중의 관심이 증폭되며 유명 요리사, 음식 관련 방송, 맛집 블로거들이 등장하기 시작했고, 2008~2011년도에는 음식이 대중문화의 중심에 자리 잡았다. 대포 카메라를 들고 다니던 블로거들도 엄청나게 생겼다. 당시 카메라를 대면, 찍지 말라고 고성을 지르던 분들도 있었다. 문화는 무서운 속도로 파급되는 경향이 있다. 그 발화점에《식객》이 있었다. 많은 음식 중에서도 숨어 있던 '평양냉면'을 수면 위로, 더 대중적으로 꺼내

올린 공이 크다.

만화에서 이런 정보를 얻을 수 있다는 것이 처음에는 믿기지 않았다. 신문, 잡지, 티브이, 음식 마니아들의 이야기에 비해《식객》은 즐겁게 보기만 해도 외식 정보를 습득할 수 있는 효율적인 매체였다. 혼자만 알고 싶었던 그런 책이었다. 블로그 활동을 해야겠다고 마음 먹었을 때도 이 책의 영향이 한몫했다.

음식의 역사, 탄생 이유, 식재료를 알면 소비자에게 어필할 수 있는 스토리텔링 포인트를 잡을 수 있다. 예를 들어 설렁탕집을 하는데 '정성으로 10시간 이상 끓여냅니다' 정도로는 소비자의 관심을 끌 수 없다. '국수가 있다고 설렁탕이 아닙니다. 고유의 방식을 고집하여 사골과 잡뼈를 우리고 또 우려내서 만든 으뜸 설렁탕입니다'라고 하면 소비자가 받아들이는 느낌은 다르다. 판매하고 있는 음식의 역사와 식재료의 특성을 알고 있어야 마케팅 포인트를 잡을 수 있다.

《식객》에 나온 식당은 대부분 노포다.《식객》을 읽고 나면 오랫동안 사랑받는 식당의 공통점을 알 수 있다. 국내 외식업은 또다시 환골탈태 중이다. 100년을 이어갈 식당의 위상이 드러나기 시작했고, 100년을 이어가는 외식업을 만드는 것이 꿈인 외식업자도 생겨나고 있다.

만약 오랫동안 유지되는 노포를 꿈꾸고 기획하고 있다면《식객》1권부터 펼쳐 들고, 소개된 노포를 방문해 그 에너지를 느끼고 기록하라. 마지막 권까지 읽고 나면 기록한 것들을 토대로 새로운 기획을 해서, 100년을 꿈꾸는 식당을 만들어라.

《식객》을 사랑하는 독자로서 20년 정도 연재가 지속되기를 내심 희망했다. 나에게는 그 정도로 영향력이 컸다. 한 번도 뵌 적은 없지만 대한민국 대표 만화가 허영만 선생님과 사석에서는 형님이라 부르는 이호준 작가님께 감사의 인사를 전한다.

비바람이 불어도 손님을
두 배 늘리는 마케팅 비결

식당을 운영하다 보면 예상하지 못한 리스크가 종종 발생한다. 또한 수많은 변동 상황이 생긴다. 예컨대 전 국민에게 큰 고통을 주고 있는 코로나19 같은 상황이 생기면 개인이 해결할 수 있는 부분은 거의 없다고 봐도 과언이 아니다. 이런 극적인 위험 상황이 왔을 때, 과연 매출에 영향을 받지 않을 수 있을까. 만일 매출에 큰 차이가 없다면, 그야말로 식당 경영의 고수라 인정할 만하다.

3개월 단위로 매출 목표를 정하라

위기 상황이 와도 흔들리지 않을 경영 전략을 수립하는 데 어떤 방법을 참고하면 좋을까? 수백 가지의 전략을 한정적으로 추려서 액자에 걸어두는 것을 추천한다. 목표는 높게 잡아야 한다.

매출을 올리는 것뿐 아니라, 목표에 이르는 과정에서 자본이 새어나가는 일이 있다. 이를 누수 에너지라고 한다. 150퍼센트로 목표를 잡아야, 실제로 100퍼센트의 결과를 얻는다. 목표를 이루기 위해 신규고객을 지속적으로 창출해야 한다.

배달도 마찬가지다. 배달의 규모를 서서히 확장하는 것은 빠르게 변화하는 요즘 시절에는 맞지 않는 방식이다. 궤도에 올라가 보기도 전에 추락할 가능성이 크다. 공정한 경쟁은 애초부터 없다. 화가 나겠지만 어쩔 수 없다.

1994년에 창간된 《쎄씨》의 특정 호는 단 하루 만에 30만 부의 판매량을 올리며 매진된 적이 있다. 3,000원짜리 잡지를 사면 11,000원짜리 립스틱을 사은품으로 준 것이다. 이런 파격적인 행사를 일반 식당이나 배달 매장에서 곧바로 적용하기는 어렵지만, 이런 사례를 기억하고 있어야 필요할 때 쓸 수 있다.

소비자의 본성은 공짜를 좋아한다는 것이다. 소비자들은 선택의 권리가 있다. 상대방의 공격적인 마케팅이 속 쓰리더라도 참을 수밖에 없다. 소비자를 유혹할 방법을 준비한 다음, 초반에 전력을 쏟아내기 바란다. 이것이 소비자에게 각인되는 방법이다. 유념할 것은 판매가를 낮춰서 하는 마케팅은 위험할 수도 있으니 지역, 상권, 타깃에 따라 적절히 조정해야 한다는 것이다.

초반 3개월, 6개월 단위로 매출 향상전략을 계획하라. 창업 기획 단계부터 1년 치를 전부 계획하는 식당도 있다. 그런 식당과 어떻게 싸워서 이길 수 있겠는가. 전략을 짜서 계획적으로 움직이는 것만이 답이다. 그것을 이기는 방법은 없다. 중요한 것은 계획을 잘 짜서 매출을 올린 다음에 추가 전략을 짜기 위한 발판을 마련하는 것이다.

초반 매출은 수익으로 가져가는 것이 아니라는 점을 명심해야 한다. 식당을 열고 3개월 이내에 호주머니에 돈을 챙기는 순간, 식당의 장래가 밝지 않다는 것은 외식업 경력이 많은 분이라면 꼭 하는 이야기다.

더 빨리, 더 많이, 더 신나게 팔아라

그다음 '더 빨리, 더 많이' 파는 것이 매우 중요하다. 일하는 시간은 매일 똑같다. 두 배의 매출을 올리려면 어떤 일이 필요할까? '손님이 두 배로 오든지, 가격을 두 배로 올리든지, 손님이 두 배로 먹든지, 손님이 두 번 더 오든지' 이 네 가지 중 하나다. 매출을 올리는 방법은 여기서 결정된다. 매우 간단한 공식이다. 하나씩 살펴보자.

첫 번째, 손님이 두 배로 오는 방법은 '소문'이다. 소문이 나야 손님이 온다. 오프라인, 온라인 노출이 중요하다. 두 번째, 가격을 두 배로 올리는 방법은 잊어버려도 된다. 이것은 실현 가능성이 없는 대안이다. 세 번째, 손님이 두 배로 먹는 방법은 얼핏 보면 불가능해 보일지 모르나 가능성이 있다. 판매하면 가장 좋은 메뉴를 정한 다음에, 손님이 주문하기 전에 매장에서 추천하는 메뉴 구성을 제안하는 것이다. 안 해보신 분들은 잘 모르겠지만, 실제로 그렇게 제안하면 70퍼센트 이상의 고객은 그렇게 달라고 한다. 마지막으로 네 번째, 손님이 두 번 더 오게 하는 건 판매 촉진과 마케팅으로 해결할 수 있다. 개인 마케팅만으로는 한계가 있다.

매일 꾸준히 인스타그램에 사진을 올려라

마케팅의 시대를 살고 있다면, 식당 문제 역시 마케팅으로 풀어야 한다. 마케팅은 크게 유료 마케팅과 무료 마케팅이 있다(대부분 유료라고 보면 된다). 각종 수단이 있으니, 상황에 맞게 적절히 배합하는 것이 좋다.

직접 할 수 있는 것은 꾸준히 해야 한다. 매일 청소하는 사진만 찍어서, 하루도 빠짐없이 인스타그램에만 올려도 매출이 두 배 이상 늘어난다. 그 정도는 쉬운 일이라고 생각하는 분이 있다면 박수를 보내고 싶다. 무조건 성공할 것이다.

성공하는 방법을 모르는 사람은 없다. 힘들다고 하지만 사실은 하지 않는 경우가 훨씬
많다. 지속적으로 실행하
는 것은 귀찮고, 돈 들어
가는 마케팅은 하기 싫은
것이다. 인정해야 기회라
도 생긴다. 가만히 있는데 어떻게 내 식당이 알려지고, 호주머니
에 돈이 들어올 수 있겠는가. 모바일도 맛집 조건은 오프라인과
똑같다. SNS에서도 사진이 북적북적해야 하고, 음식 사진이 확
실하게 보여야 한다.

인스타그램 '@baekyoonhee'를 검색해서 이 식당이 어떻게
소비자와 소통하는지 보시라. 백윤희 대표가 운영하는 〈엉짱윤
치킨〉의 인스타그램은 가장 깔끔하고 스마트하게 SNS를 활용
한 사례로 보인다.

다소 편파적이더라도 차별화된 전략이 있어야 한다. 흔한 건
이제 소비자가 싫증을 낸다. 개인, 배달, 프랜차이즈 상관없이 독
특한 문화 서비스를 개발해야 한다. 운영 중인 보쌈 매장에서는
점심, 저녁에 방문한 첫 손님께 통낙지파전을 서비스한다. 서비
스한다고 어디에도 적어두지 않았다. 조용히 만들어서 손님에
게 제공하면서 서비스라고 알려드린다. 모든 손님이 자신도 모
르게 "감사합니다"라고 응답한다.

경영 원칙을 적어 만들어둔 액자가 열 개 정도 있다. 요즘은 이 액자 하나만 걸어둔다. 영업과 마케팅은 단순 반복을 기본으로 해야 한다. 전방위 마케팅은 실속이 없다. 핵심 고객을 향해 집중 사격을 퍼부어야 한다. 시간은 길지 않다. 사소한 것부터 집중하는 습관을 들여야 한다.

어설프게 계획하고 접근하면 내가 먹잇감이 된다. 모든 자영업자가 먹이사슬의 최정상에 설 수는 없지만, 노력하면 위치는 언제든지 바뀔 수 있다. 마지막으로 이 모든 노력은 '독서, 글쓰기, 말하기, 조언 구하기'가 중심이 되어야 한다는 것을 잊지 않으면 좋겠다. 지금까지의 경험과 목표를 정리하여 나만의 액자를 만들자.

식당을 한다는 것

4장

손님이 줄 서는
식당은
이 점이 다르다

The secret of
a restaurant with
many
customers

낡고 오래된 식당에
줄이 끊이지 않는 이유

노포가 대중에게 본격적으로 알려진 것은 2010년쯤이다. 《식객》, 파워블로거, 대중매체가 움직이면서 마니아들의 '맛집'이 서서히 노출된 것이다. 노포의 '음식'은 그 맛과 분위기가 압도적이다. 전국 각지의 노포를 살펴보면, 음식의 깊이가 상당한 것을 알 수 있다.

널리 알려진 노포에는 그 집만의 소스가 있다. 대부분 소스를 오랫동안 연구했고, 수일에서 수개월 동안 숙성한 재료들을 사용해 만든다. 뚜렷하고 선명한 맛을 내는 개성 강한 곳이 있는가 하면, 재료 자체의 맛과 은근한 매력을 가진 곳도 있다. 한결같은 음식 레시피로 수십 년을 이어오다 보니, 손님도 대를 이어 방문한다. 맛의 유지는 기본이고, 항상 같은 맛을 유지하는 것이 포인트다. 식당 운영 시 가장 신경 써야 할 부분이다.

노포의 음식 맛이 바뀌었다고 주장하는 손님들이 있지만, 이는 확률적으로는 매우 낮은 주장이다. 오랫동안 맛을 유지하는 것이 노포의 본질인데, 본질을 헤치면서 음식을 만들 리 있겠는가. 거꾸로 생각해보면 40년 동안 유지해온 식당의 레시피를 본인은 바꾸겠는가. 레시피를 미세하게 변경하며 테스트할 수는 있다. 음식의 간과 맛은 7퍼센트 변동 범위 내에서 사람의 미각으로 판단되지 않기 때문이다.

노포 중의 노포 〈을지면옥〉

서울의 많은 노포 중에서 내가 가장 좋아하는 곳은 〈을지면옥〉이다. 이곳은 식당이 갖추어야 할 미덕을 모두 가지고 있다. 붓으로 쓴 '을지로체' 상호부터, 식당 안까지 들어가는 길목과 벽면

식당을 한다는 것

이 환상적이다. 노포 중에서 가장 갖고 싶은 물리적 환경을 가진 식당이다. 흑백사진과 여러 지도가 좁고 긴 통로에 걸려 있다. 묘한 공감각을 불러일으킨다. 마치 먼 과거로 가는 타임머신을 탄 기분이다.

노포의 음식은 화려함만을 추구하지 않는다. 가성비라는 단어와 어울릴만한 그런 비주얼을 가진 노포도 드물다. 유명한 평양냉면 전문점을 살펴보면, 음식에 관심이 없는 사람들의 눈에는 '굉장히 성의 없게 만든 음식'으로 보일 정도로 눈요깃거리가 없다. 음식 재료를 하나씩 살펴보면 그 음식점만의 스타일이 확실히 구현된 것을 알 수 있고, 육수만 하더라도 기존 냉면 육수와 다르다는 것을 알 수 있다. 냉면은 여러 음식 중에서도 냉면 광(狂)이라는 마니아를 양산한다. 진득한 육수에 매끈한 면발에 은근하게 베어 있는 메밀 향에 중독되는 것이다.

예비 식당 창업자분들도 마니아를 만들고, 일반 손님들이 끊임없이 찾는 음식을 고안해야 할 것이다. 단시간에 노포 음식을 따라잡을 수는 없다. 하지만 복잡하게 생각할 것 없다. 40년 된 곰탕 전문점을 운영한다 치자. 50미터 옆에 신출내기 곰탕집이 생겼다. 질 이유가 있겠는가? 따라 잡힐 확률은? 있긴 있겠지만 매우 낮다고 생각할 것이다. 소비자에게 선택을 받기 위해서는 도 닦는 마음으로 경건하게 재료를 대하고 음식을 만들어야 할

것이다. 식당을 운영하기 쉬웠던 시절은 없다. 시계를 볼 때 5시,
6시를 하루에 두 번 보는 사장이 최종 승자다.

비범한 소스로 부산을 제패한 〈할매집 회국수〉

부산 중구 남포동에서 가장 유명한 식당 '베스트 3'에 들어가는
〈할매집 회국수〉에 가면 말발굽형의 테이블이 있다. 유사하게
만든 식당은 있으나 이 집만의 느낌은 없다. 나의 어머니도 젊은
시절에 자주 방문했다고 하는 이곳은 부산에서 '중면'을 유행시
킨 집이다.

맵싸한 초고추장 소스는 이 집만의 자랑이다. 비슷한 맛은 없
다고 단언할 수 있을 정도다. 이 집의 초고추장 소스를 두고 쉐프
들의 멘토라고 불리는 경희대학교 최수근 교수님께서 국내 소
스 중에 최고라고 했다. 노포의 뿌리는 소스에 있다. 겉만 보면
재료들이 짐작되지만, 아무리 맛을 봐도 그 소스의 핵심비법은

식당을 한다는 것

쉽게 알아내기 힘들다.

소스 하나만 제대로 만들어도 음식점의 역사가 바뀐다. 오래된 역사와 식재료도 매우 중요하지만 수십 년을 이어가려면 그 집만의 비법은 필수다. 노포는 분명히 알려주고 있다. "우리 집만의 소스를 꼭 만들어야 해."

소스로 보쌈의 패러다임을 바꾼 〈옥수사〉

충남 천안에 가면 〈옥수사〉라는 특이한 상호의 식당이 있다. 어느 노포가 그렇지 않겠냐마는 나만 알고 숨기고 싶은 곳이다. 나도 지금 보쌈 매장을 12년째 하고 있는데, 이 집 음식에서 힌트를 얻은 것도 있다.

〈옥수사〉에서는 수육을 고추장 스타일의 소스에 찍어 먹는다. 처음 이 음식을 방송을 보고 한달음에 달려갔더니 브레이크 타임이었다. 몇 시간을 기다린 다음에 보쌈과 칼국수를 주문했다.

눈물을 흘릴 만큼 맛있는 맛은 아니었지만, 큰 노력이 들어갔다는 사실과 맛을 오랫동안 유지하기 위해서 쏟은 공력이 느껴졌다. 매장에 오자마자

고추장 소스를 만들어봤다. 나만의 스타일로 고추장 소스를 재탄생시켜 현재 보쌈 주문 시 제공하려고 테스트 중이다. 부산 지역은 쌈장, 소금, 새우젓 등 짭짤한 소스를 선호하기에, 고추장 소스를 두고 호불호가 극명히 나뉜다.

하지만 그게 뭐가 중요한가. 노포에는 고객 선호도라는 빅데이터가 이미 쌓여 있다. 노포의 노하우는 초보 외식업자에게 주는 선물과 같다. 노포를 방문하지 않았다면, 수십 년 동안 보쌈집을 했어도 고추장 소스를 만들 생각은 못 했을 것이다.

이제 식당을 고를 땐
맛과 분위기다

소비자는 식당을 고를 때, 맛뿐 아니라 식당의 분위기를 중요하게 생각한다. 소비자가 그 식당에 가야 할 이유를 식당이 먼저 보여줘야 한다. 쇼핑몰이나 백화점에 갔을 때, 즐비한 식당을 앞에 두고 고민한 경험이 있을 것이다. 몇 번을 오가다 한 군데를 골라서 들어갔을 것이다. 그 상황을 다시 떠올려보자. 어떤 식당은 비싸지만 요리는 최고급이라는 느낌이 들고, 또 어떤 식당은 가격은 합리적인데 요리는 만족스럽지 못한 느낌이 든다. 이런 정보에 주머니 상황을 고려해서 식당을 선택하게 된다.

분위기가 맛을 좌우한다

물리적 환경은 무형적 환경과 유형적 환경으로 나눌 수 있다. 무

형적 환경은 분위기, 조명, 시스템, 향기, 소음, 음악 등이 만들고, 유형적 환경은 마크, 심벌, 강조하는 식자재, 공예품 등이 만든다. 이보다 더 자세한 사항을 알고 싶다면, 김영갑 교수님의《외식 사업 창업론》을 참고하면 좋겠다.

사진을 보면 어떤 느낌이 드는가. 조용하지만 사적인 공간일 거라는 느낌이 들 것이다. 일반적인 금액대는 아닐 것이고, 독특한 서비스가 있을 것이다. 안주는 제일 저렴한 것이 3만 원 대일 것 같고, 조명은 시끄러운 대화를 사전에 방지하는 수준이다. 술을 좋아하는 사람은 벽면에 있는 술의 종류만 봐도 이 가게의 수준을 쉽게 알 수 있을 것이다. 이곳의 물리적 환경은 조명, 분위기, 벽면 장식장이다. 업종에 대한 조예가 깊을수록 물리적 환경을 수월하게 조성한다.

식당을 한다는 것

6년 전에 만든 것인데, 이런 조형물도 물리적 환경에 속한다. 마늘보쌈을 강조하기 위해서 어떤 간단한

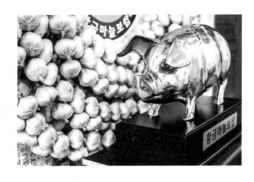

방법이 효과적일지 고민하면서 제작했다. 물리적 환경을 제대로 구현하기 위해서는 결국 시각, 제품, 공간, 디자인이 필요하다. 어떤 한 가지만 만들면 되는 것이 아니다. 전체적인 조화를 갖되 강조점을 고려해서 작업해야 한다. 물리적 환경을 자유자재로 다루는 수준이 되면, 식당의 행보는 분명히 좋은 방향으로 흘러갈 것이다.

완벽한 물리적 환경을 구비한 〈연남서식당〉

서울 마포구에 〈연남서식당〉은 개인적으로 국내 식당 중에서 물리적 환경을 최적으로 조성한 곳이라 생각한다. 물리적 환경 전체가 업장이 되어버린 곳이다. 드럼통, 벽면, 천장, 냄새가 사진을 뚫고 나올 정도의 기운이 서려 있다. 유무형의 물리적 환경을 적절히 구현한 대표 사례라 볼 수 있다. 한번 상상해보자. 일반 고깃집에 저 드럼통 하나만 있어도 고구마를 구워서 서비스로

줄 수 있고, 고객의 재미와 호기심을 자극할 것이다. 드럼통 하나가 매장을 알리는 주력 매체가 될 수도 있다. 물리적 환경은 마케팅 요소에 들어가는 항목이다. 식당의 정체성이 잘 표현된 물리적 환경은 매출을 상승시킨다.

해리단길의 명물 〈니가하만만게츠〉

해운대역 주변의 상권을 '해리단길'이라 부른다. 해리단길을 대표하는 식당 중 하나인 〈나가하마만게츠〉의 주방은 센터에 있고, 직원들은 일본어로 적힌 옷과 두건을 쓰고 있다. 구조적으로 높이의 차이가 있는데, 요리사는 음식을 내려주고 손님은 팔을 위로 뻗어 받는 구조다. 음식에 자부심을 듬뿍 담은 매장이다.

어설픈 스타일로 이런 물리적 환경을 구현한다면, 클레임이

식당을 한다는 것

끊이지 않을 것이
다. 그렇지만 소비
자가 음식이 나오기
전부터 맛있을 거라
는 상상을 일으키는
공간 형태기도 하

다. 소비자는 매장 환경만으로도 가게의 수준을 판단한다. 가격
대가 높은 곳에서는 빠르고 시끄러운 음악을 잘 틀지 않는다. 천
천히 음미하면서 즐길 수 있는 환경을 제공한다.

보기 좋은 떡이 맛도
좋다는 건 언제나 통한다

오감은 시각, 청각, 후각, 미각, 촉각으로 구분된다. 음식에도 오감이 작동하는데, 그중에서도 가장 영향력이 큰 감각은 무엇일까? 눈으로 보는 것이 가장 중요하다. 시각에서 만족스러운 결과가 나와야 사람의 마음이 움직일 수 있다. 소비자가 휴대폰을 꺼내 사진을 찍을 수밖에 없는 비주얼을 구현해야 한다.

압도적인 비주얼에 반해 손님이 줄 서는 식당

경상남도 의령군 의령읍에 가면 〈종로식당〉이 있다. 60년 이상 된 노포다. 대통령도 다녀가서 '대통령 국밥'으로 불리기도 한다. 부산, 경남 소고기국밥 중에서는 최고의 맛으로 손에 꼽는 곳이다.

사진에 보이는 가
마솥은 백철 가마솥
이다. 식당에서 쉽
게 보기 힘든 가마
솥이다. 손님 테이
블에서 바라보면 이
런 장면이 보인다. 즉 홀 내부에서 국을 끓이는 광경을 계속 볼
수 있다. 이런 '장면' 하나가 소비자를 사로잡는다. 난생처음 보
는 환경에서 국밥을 먹으니, 특별한 경우가 아니라면 대부분 맛
있다고 느껴지는 것이다. 은근한 깊이가 있는 국밥은 그렇게 세
월을 이어오고 있다.

김해 장유에 있는 〈아제돼지국밥〉에 가면 입구에 크레인으로
끌어 올릴 법한 양의 소금 무더기가 포대째로 놓여 있다. 압도적
인 양이다. 돼지국밥이나 김치에는 소금이 많이 들어가니까 주
력 식재료 자체를 보여주는 것이다. 처음 보는 모습에 어찌 소비
자가 감탄하지 않을까. 물론 이 모습이 매출에 직접적 영향을 미
치는 것은 아니다. 더 좋은 효과를 내는 정도다. 주객전도는 위험
하다.

망원시장에서 장사가 가장 잘되는 곳 중 하나인 〈망원식당〉이
다. 내가 국숫집을 한다면 벤치마킹 1호 대상인 집이다. 판매용

멸치국수를 모두 볼 수 있게 전시했다. 퇴비가 필요한 분에게는 다시 육수를 뽑고 남은 멸치를 무상으로 가져가게 배려했다. 식당에 들어가기 전부터 육수에 대한 의심을 말끔하게 씻어준다. 물리적 환경까지 완벽한 국숫집이다.

가장 단순하지만 오래 사랑받는 비결

부산의 오래된 초밥집 〈삼송초밥〉에는 다른 초밥집과 확실히 다른 점이 있다. 초밥을 담은 접시도 오래된 것 같지만, 아주 큼지막한 초밥이라서 실제로 접하면 감탄사부터 나온다.

〈삼송초밥〉만의 후토마끼가 있다. 「생활의 달인」에도 몇 번 나왔을 정도로 그만의 스타일을 지금도 고수하고 있다. 독보적

인 메뉴를 가진 식당이 조심해야 할 점은 다른 식당에서도 쉽게 따라 할 수 있다는 것이다. 여기저기에

식당을 한다는 것

서 따라 만든 음식은 시간이 지나면 가치가 떨어질 수 있다.

휴대폰으로 대충 찍어도 비주얼이 대단하다. 고수의 초밥집이라는 것을 누가 봐도 알 수 있을 정도다. 〈삼송초밥〉만의 전체 스타일은 큼지막한 초밥이다. 생물의

식감이 느껴질 정도로 깨끗하고, 시각과 미각 모두를 자극하는 초밥이다.

만두는 시각적으로 차별화시키기 매우 어려운 음식이다. 난이도가 극상이다. 만두 만드는 방식이 비슷하니 비주얼만으로 어느 음식점의 것인지 알아채기가 어렵다. 산둥식, 홍콩식, 북경식 여러 스타일로 만두를 만들어도 마찬가지다.

서울 구로구에 가면 〈월래순교자관〉이 있다. 국내 만둣집 중에서 가장 비주얼에 특화된 집이다. 이렇

게 단순한 스타일로 비주얼을 잡았을 때 장기간 사랑받을 가능성이 크다. 주변에서 쉽게 따라서 할 수 있다는 위험도 있지만, 주변에서 따라 하면 할수록 원조 식당이 더 알려지는 장점도 있다. 가능하면 최초의 비주얼을 가질 수 있도록 연구해야 한다. 이런 비주얼이 우연히 만들어진 것이라고 생각하는 사람이 있을지 모르지만, 세상에 우연은 없다. 그 우연도 수없이 많은 시도 끝에 나오는 것이기 때문에 사실은 노력의 결실이다.

서울 교대역 부근에 있는 〈서관면옥〉의 상차림이다. 〈서관면옥〉은 '3세대 평양냉면'이라는 새로운 계보를 만든 식당이다. 메뉴 대부분이 기존 식당에서 쉽게 따라 할 수 없는 스타일의 음식이다. 그중에서도 '서관면상', '골동면'을 주시하기 바란다.

외식 아이템 중에 내공 없이 시작해서는 안 되는 것이 평양냉면이다. 그 평양냉면 업계에서 1년 만에 많은 타이틀을 따낸 곳이다. 무조건 전통적인 음식의 맛으로 승부할 필요는 없다. 다양한 해석과 시각에서 새로운 것들을 만들어낼 수 있다. 〈서관면옥〉은 메뉴 기획력에서 단연 압도적인 성과를 낸 식당이다.

식당을 한다는 것

동네 식당의 입소문 비결은 따로 있다

자영업자는 사업자다. 철저하게 영리를 추구하는 것이 목적인 사람이다. 기업의 존재 이유는 무엇인가? 바로 이윤을 추구하는 것이다. 이익을 내지 못하는 기업은 기업으로서의 존재 가치가 없다. 이익은 매출과 반드시 정비례하지 않는다. 매출을 높이기 위해 어떤 방법을 사용해야 할까? 매출을 높이려면 일단 손님을 늘려야 한다. 손님은 크게 두 부류로 나눌 수 있다. 자발적으로 온 손님과 식당의 노력으로 오게 만든 손님이다.

식당 귀신이 될 각오로 임하라

고등학생 때, 방학마다 거리에서 찹쌀떡을 팔았다. 찹쌀떡이 가득 실린 스티로폼 상자 두 개를 노란 박스테이프로 둘둘 감은 다음에 어깨에 메고 팔러 다녔다. 찹쌀떡 한 팩에 3,000원에 판매했고, 그중 1,600원이 내 판매 수익이었다. 당시 버스 회수권이 100원 중반대였으니 괜찮은 아르바이트였다.

스무 개를 팔아 3만 원을 벌겠다는 목표를 가지고 골목길을 누볐다. 그런데 팔 수가 없었다. 말도 나오지 않았고 겨우 이야기를 꺼내도 거절을 당했다. 사회는 냉정했고, 나는 참담했다. 다음 날 또 골목을 누볐다. 팔리지 않았다. 답답했다. 안 팔리더라도 다수에게 내가 찹쌀떡을 팔고 있다고 알리는 편이 좋겠다 싶어서 골목에서 외치기로 했다. 드라마에서만 보던 "찹쌀떡 사려~"를 내가 하게 될 줄이야. 도저히 입이 열리지 않았다.

미칠 것 같았다. 자괴감과 분노가 차오르기 시작했다. 몇 시간 동안 거리를 서성거렸다. 안 한다고 아무도 뭐라고 할 사람이 없었다. 하지만 포기하고 싶지 않았다.

마음을 다잡고 "찹쌀떡 사려~"라고 몇 번 외치다 보니 "요즘도 찹쌀떡을 파네?" 하면서 지나가던 아주머니가 처음으로 찹쌀떡을 사주셨다. 왈칵 눈물이 날 뻔했다.

더 많이 팔려면 장소를 옮겨야 했다. 퇴짜를 맞더라도 판매 대상이 많으면 팔 수 있는 확률이 높아질 거라 믿었다. 스티로폼 가방을 메고, 사상터미널에 갔다. 거기에는 무수히 많은 가게가 있었다. 영업에서는 이런 말이 있다.

'오라는 곳은 없어도 갈 곳은 많다.'

나중에는 세 시간 만에 8만 원의 수익을 만들었다. 이런 끈기와 근성이 자영업에 필요하지 않을까. 손님을 늘리려면 '찹쌀떡 사려~'를 외치는 것과 같은 반복적인 행위를 당연하게 받아들여야 한다. 반복은 성장의 기본이다. 실제로 성패가 좌우되는 시점이 여기에서 발생한다. '이 가게 귀신이 되겠다'라는 각오를 가지면, 손님 한 명 한 명에게 각별하게 인사를 건넬 수 있다.

1억 매출 신화를 올린 알파 팁

보험회사 영업에는 '3W' 제도가 있다. 일주일에 계약을 세 건씩 한다는 것이다. 세 건을 계약하기 위해서는 아홉 건의 약속을 잡아야 한다. 아홉 건의 약속을 잡기 위해서는 80번 전화를 돌려야 한다. 80번 전화를 돌리기 위해서는 최소 전화번호 200개를 확보해야 한다. 보험회사 다니면 인맥 다 끊긴다는 소리가 여기서 나온 말이다.

거두절미하고 식당도 마찬가지다. 손님이 줄 서는 식당을 만들고, 운영하기 위해서는 확률적 수치를 높이는 것과 단계별 계획이 필요하다.

지금 말씀드리는 팁은 최소 1억 원의 가치가 있다고 자부한다. 여기까지 책을 읽고 있는 독자분들에게만 드리는 유용한 정보다. 부산 해운대 중동에 식당을 만들 때, 오픈 날에 손님이 미어터졌으면 좋겠다고 생각했다. 방책을 궁리하다 지도를 검색해서 매장 반경 1.5킬로미터 내의 '미용실'을 검색했다. 미용실 리스트를 정리해서 일일이 방문했다. 전단과 쿠폰만 드리기 겸연쩍어 사탕을 준비했다.

○월 ○일 ○시 ○○ 근처에서 식당을 개업합니다. 맛있게 만들었으니 소문 많이 내주세요. 이 쿠폰 들고 오시면 서비스도 드립니다.

이렇게 말하고 쿠폰 수십 장을 미용실마다 두고 나왔다. 개점 당일에 사거리부터 교통 마비가 되었다. 손님 대기 번호만 150번이 넘었다.

이 사진은 꼭꼭 숨겨 두었다가 처음으로 공개하는 사진이다. 이 노하우는 알리고 싶지 않았다. 식당 운영 1년 차 여름에 매장 앞에 준비

식당을 한다는 것

한 '얼음 둥굴레 차'다. 얼음이 없을 때는 과감하게 차를 대접하지 않았다. 얼음이 없으면 의미가 없다고 판단했다. 대형 제빙기로 얼마나 많은 얼음을 만들었는지 모른다. 매장 손님뿐만 아니라 매장 밖의 손님들까지 차가운 둥굴레 차를 보면 그냥 지나치지 못했다.

요식업 10년 차가 넘었지만, 아직도 이런 서비스를 제공하는 식당을 전국 어디서도 본 적이 없다. 쉽지는 않은 일이다. 얼음, 컵, 둥굴레 차를 채우기 위해서 움직인 횟수를 상상해보시길 바란다. 힘든 시절을 살고 있어서인지, 우리는 그저 쉬운 일만 찾고 있는 것 같다.

유인메뉴 없이
손님을 유혹하겠다고?

손님이 줄 서는 식당에는 그 식당의 정체성과 매력이 고스란히 담긴 음식이 있다. 자기만의 스타일을 가진 음식을 만드는 식당은 의외로 많지 않기 때문에, 유인메뉴를 가진 사장은 식당 운영에 있어 굉장히 유리한 위치에 있는 것이다. 수많은 식당과의 경쟁에서 살아남을 확률이 높기 때문이다.

이 글을 읽는 독자분도 단골 식당이 있을 텐데, 그 곳에 가는 이유를 생각해보라. 그 집만이 가진 특징과 장점이 있을 것이다. 독보적인 유인메뉴로 까다로운 고객의 입맛을 사로잡은 사례들을 소개한다.

유인메뉴 개발에 성공한 장사의 신들

부산 사하역 앞에 있는 〈오사카〉는 일본 오사카 출신의 사장님이 운영하는 매장이다. 라멘, 초밥, 햄버그스테이크가 유명한 식당이다.

현지에서 먹을 법한 맛과 분위기가 나는 곳이다. 바삭하고 부드러운 '감자 고로케'는 사이드메뉴로 판매한다. 이 감자 고로케를 못 잊어 일부러 찾아오는 손님도 많다. 가격은 또 어떤가. 개당 1,000원이다.

전국 3대 포차에 선정된 부산 남구 대연동 〈대남포차〉는 내가 대학생 때부터 가던 곳이다. 직접 알아낸 정보에 따르면, 이곳의 사장님은 미용사 출신이시다. 양유호 사장님께서 주특기인 가위질로 문어를 손질해주면 손님들은 열광한다.

주메뉴뿐 아니라 기본 안주들도 환상에 가까운 맛이다. 그중 하나만 알려드리면, 서비스로 주는 '간장 미나리 국수'는 별미 중의 별미다. 식사도 되고, 안주도 되는 이

국수는 수만 명의 손
님을 끌어들인 일등
공신이다. 정말이지
전수받고 싶은 음식
이다.

　영도 라발스 호텔 앞에 새로운 명소로 포장마차촌이 형성되
고 있는데, 길거리 포차에서 제공하는 수준이다. 한 포장마차는
서비스 안주로 참외, 자두, 오이 등을 예쁘게 깎아서 대접한다.
으레 장사가 잘되는 식당에 가면 서비스를 기대한다. 이는 한국
특유의 소비자 문화처럼 형성되어 있기에 내가 왈가왈부할 문
제는 아니다. 배달, 프랜차이즈, 개인 식당을 모두 하는 입장에서
원가가 1,000원 미만이지만 시각과 미각을 충족시키는 요리를
서비스로 대접하면 "와, 우와, 대박"으로 소비자가 응답한다. 유
인메뉴를 개발할 때 참고하시면 좋겠다.

사이드메뉴로 민심을 사로잡다

양산 물금읍 골목길에 조용히 자리한 〈진리식당〉에서는 '명란
감자 샐러드'를 판다. 주메뉴는 돈가스와 동파육 덮밥인데, 골목
길까지 부러 찾아온 손님들이 돈가스만 먹고 가기 아쉬울 것이
다. 그래서 만든 사이드메뉴가 명란 감자 샐러드다. 맛도 좋고 비

　　　　　　　　　　　　　　　식당을 한다는 것

주얼도 좋아 인스타그램에
자주 노출되는 음식이다. 명
란 감자 샐러드는 매출을 올
리는 효자 상품이다. 주메뉴
에만 목숨 걸지 말고, 사이
드메뉴 개발을 게을리하지
말자.

김해공항 인근 대저동 덕두시장에 가면 〈시장분식〉이 있다.
공항 맛집으로 오랫동안 사랑받고 있는 집이다. 비빔 칼국수를
시키면 보통 다시 육수를 내어준다.

그런데 〈시장분식〉 상차림을 받고 나면 처음 방문한 사람들은
모두 눈이 휘둥그레진다. 곁들이 국이라고 하기에 그 존재감이
너무나 큰 선짓국은 담백하고 시원하다. 양념 맛이 과하지 않고
선지는 탱글탱글하고 신선하다.

부산 수영교차로 근처 골목에 가면 〈수영회국수〉가 있다. 부
산 회국숫집의 공통점은 오랫동안 사랑받았다는 점이다. 개인
적으로 운영해보고 싶은 아이템이기도 하다. 〈수영회국수〉에는
진한 멸치 육수 국물에 부산어묵을 넣어준다. 따라 나오는 것 치
고는 내용물이 많다. 시원한 국물과 매콤달콤한 회국수 양념의
핑퐁게임. 함흥냉면과 뜨거운 육수의 조합처럼 끊임없이 들어

간다. 회국수는 부산의 전통 음식이라고 해도 과언이 아닐 정도로 오래된 음식이다. 〈수영회국수〉의 회국수 맛도 일품이지만 세로로 썬 어묵이 들어간 국물이 더 간절할 때도 있다.

음식은 감각으로 만들어지는 것 같지만, 사실은 체계적인 분석과 연구를 통해 만들어지는 경우가 더 많다. 식당의 주메뉴와 가장 궁합이 좋은 사이드메뉴를 만들어보시길 강력히 추천한다. 사이드메뉴에는 식당의 운명이 바뀔 수도 있을 만큼 강력한 한 방이 있다. 무엇보다 판매가를 높일 수 있는 충분한 사유가 된다.

손님이 제 발로
찾아오게 하는 법

식당의 성공 요인은 무엇일까? 현직 식장 사장들을 만나 이야기해보면, 음식 맛이 전부라고 주장하는 사람도 있고, 음식 맛은 전혀 상관없다는 사람도 있다. 식당의 성공 요소를 두고 외식업자들도 의견 차이를 보이는 것이다.

식당의 기본이 음식인 것은 당연하다. 다만 오래 사랑받는 식당이 되려면, 사장은 끊임없이 큰 그림을 그려야 한다. 우리는 음식의 맛뿐 아니라 푸드 스타일링이 매우 중요한 시대를 살고 있다. 요리를 먹기 전에 고객의 호감도를 상승시킨다면 이 얼마나 이득인가.

이제부터 소개할 식당들처럼 상차림을 만들라는 것이 아니다. 본연의 요리와 푸드 스타일링의 적절한 어울림을 찾은 훌륭

한 사례로 참고하기 바란다. 오래 사랑받는 식당이 되려면, 과하지도 모자라지도 않는 상차림이 필요하다.

군더더기 없는 상차림의 표상 〈컨테이너 식당〉

블로거로 활동하던 시절부터 세상에 알린 곳이다. 부산 사상구 모라동 부근 택시 기사 쉼터 옆 이름 없는 〈컨테이너 식당〉이다. 건새우, 다진 청양고추, 버섯을 듬뿍 넣고 끓인 맑고 칼칼한 된장찌개는 이곳만의 인기 메뉴다. 흡사 버섯 된장 샤부샤부 전골 같은 맛이다. 땀이 송골송골 맺힐 정도로 맛나게 한 그릇 먹고 나가는 기사님들이 주로 단골손님이다.

쟁반의 상차림을 보자. 상차림에 군더더기가 없다. 전부 '담

기'만 하면 된다. 속도전이 생명인 식당은 담는 행위만 해야지 다른 작업이 들어가면 일의 동선이 꼬인다. 장사 자본이 넉넉하지 않고 자리가 좋지 않은 곳에서 식당을 한다면, 이런 스타일을 꼭 눈여겨 보시길 바란다.

식당을 한다는 것

단돈 5,000원으로 만나는 최적의 밥상 〈오복식당〉

부산 자갈치 지하철역 인근에
가면 고등어 구이집이 많다.
사진은 〈오복식당〉의 5,000원
짜리 고등어 정식 상차림이다.
유용한 정보를 하나 알려드리
자면, 고등어 작은 한 토막 정
도는 리필해주신다.

　무침은 생채, 콩나물 두 종
류, 김치는 배추김치, 열무김치 두 종류, 절임은 고추지 한 종류,
찌개와 국은 따로 하나씩이다. 어지간한 식당이었으면 찌개를
하나 빼던지, 국물을 하나 뺐을 것이다. 무침과 김치가 각각 두
종류씩인데, 찬이 하나가 더 들어갔으면 과유불급의 상이 되었
을 것이다.

전통을 이어온 불굴의 맛집 〈할매 재첩국〉

"재첩국 사이소." 이제는 부산에서 사라진 추억의 소리 중 하나
다. 어린 시절 자주 들었던 그 말이 아직도 귓전에 생생하다. 부
산 사상구 삼락동은 예로부터 재첩이 유명하다. 새벽이면 온 동
네를 휘젓고 재첩국이 든 함석 통을 머리에 이고 외치던 그 모습.

지금은 삼락동에서 재첩을 구하기 힘들다. 삼락동에는 아직도 재첩국을 파는 식당들이 옹기종기 모여 있는데, 그중 〈할매 재첩 국〉이라는 식당을 소개한다.

이 식당의 업무 효율과 메뉴 구성은 완벽에 가깝다. 상차림을 보자. 밥, 국, 조림, 무침, 김치, 물김치, 강된장으로 구성되어 있다. 국은 따뜻함과 뜨거움 사이에만 있어도 고객이 충분히 만족한다. 찌개보다는 덜 끓여도 된다는 이야기다. 조림은 큰 양푼에 그득 담아 끓이며 온기를 보존할 것이고, 강된장은 식어도 괜찮은 음식이다. 김치류도 사전 세팅할 수 있다. 이런 상차림에서 유의해야 할 점은 국과 찌개의 퀄리티가 매우 높아야 통한다는 것이다.

　식당 사장은 상차림의 최종상태를 필수적으로 점검해야 한다. 고객이 음식을 20퍼센트 이상 남긴다면 이유 불문하고 양이든 품질이든 문제가 있는 것이다. 이런 상태가 지속된다면 고객의 식당 방문횟수는 줄어들 것이다. 한 번이라도 제대로 상을 차리지 않으면 두 번의 기회는 없을지 모른다.

　상차림은 주 고객의 나이대를 고려해 구성해야 하고, 잔반 여부를 항상 살펴야 한다. 군더더기가 없으면서도 깔끔한 상차림을 계속 연구하자. 자가 학습, 벤치마킹을 통해서 소비자가 원하는 상차림으로 만족도를 높여보자. 조금이라도 몸이 편하려는 이유만으로 음식 만드는 방법을 바꾸면 소비자는 외면한다. '구분식재 일분공예'(九分食材 一分工藝)를 머리맡에 새겨두자. '90퍼센트는 식재료로 결정되고, 10퍼센트의 공력일 뿐'이라는 뜻이다. 제대로 만들어보자.

식당을 한다는 것

5장

식당을 한다면
이들처럼

**The secret of
a restaurant with
many
customers**

메뉴 구성에 관해서라면
〈동편초밥〉

외식업에서 성공하려면 오랜 경험이 필요하다. 그러나 모든 경험이 학습으로 연결되는 것은 아니다. 학습이 배제된 경험은 효율적이지 못한 운영자의 고집을 만들고, 그 고집은 운영자의 판단 오류로 이어진다.

경기도 안양 동편로에 있는 〈동편초밥〉에 걸린 액자다. 배울 학(學), 없을 무(無), 그칠 지(止), 지경 경(境), 학무지경. 배움에는 끝이 없다는 뜻이다. 액자는 쉐프의 눈에 항상 들어오는 자리에 걸려 있고, 손님 테이블에서도 보인다. 일본으로 건너가서 본토의 일식 노하우를 배우고

온 조성룡 쉐프가 핵심가치로 생각하는 문구다. 조성룡 쉐프는 일본 외식 여행과 식문화를 강의하는 실력파 외식인으로 특히 SNS에서 널리 알려져 있다.

조성룡 쉐프는 크고 작은 가게를 운영한 경험이 많아서 메뉴를 분석하고 기획하는 능력이 출중하다. 메뉴 기획의 필수조건은 다양한 지식, 경험, 학습이다. 외식업자 중에서 외식업 공부를 실제로 하는 사람과 그렇지 않은 사람의 차이는 메뉴 기획에서 드러난다. 잘되는 식당의 사장은 유인메뉴, 주력메뉴, 메인메뉴, 사이드메뉴, 세트메뉴를 적절히 기획해 매출을 올리고 수익률을 높인다.

〈동편초밥〉에는 비장의 메뉴가 있다. 보통 '무시아와비'라고 부르는 전복술찜을 초밥 재료로 사용한 것이다. 평일 점심을 제외한 초밥 전 메뉴 구성에 전복술찜 초밥이 한 개씩 들어간다. 완도산 10미 전복을 사용하고, 깨끗이 손질한 전복을 세 시간 동안

다시마, 무, 미림, 청주를 황금비율로 넣어 쪄낸다. 전복술찜 초밥은 일반 초밥집에서는 접하기 어려운 메뉴라서 고객 만족도를 최상으로 끌어올리는 효과가 있다.

식당을 한다는 것

묵은지를 올린 광
어 지느러미 초밥이
다. 차진 식감이 돋보
이는 초밥용 밥(샤리)
에 고소한 풍미의 일

인자 광어 지느러미를 토치로 그을린 다음, 묵은지를 올려 먹으니 입안이 호사스럽다. 그간 먹어왔던 광어 초밥 중에서 단연 으뜸이다.

한국인에게는 생소한 재료인 '훈제 무절임(이부리갓코)' 역시 일반적인 일식집에서는 보기 힘든 메뉴다. 무를 훈연시켜 만든 이부리갓코는 꼬들꼬들한 식감과 함께 훈연한 나무 향이 일품이다. 일본 전역의 식당을 방문했던 조성룡 쉐프가 알고 있는 일본 고유의 식재료는 무궁무진할 것이다.

조성룡 쉐프는 지금도 끊임없이 음식을 공부하고, 새로운 요리를 개발한다. 요즘은 한창 와인 공부 중이란다. 술과 음식의 조화를 위한 페어링을
실제로 접목하고 있
다. 시대가 흐를수록
고객은 더 새롭고, 세
련된 스타일의 음식

을 요구한다. 과연 경험만 갖고 고객의 만족을 채울 수 있을까. 바로 이것이 외식업자가 늘 공부해야 하는 이유다.

오랫동안 연구하고 끊임없이 공부하며 그 경험을 새 메뉴로 승화시키는 외식업자를 어찌 일반 외식업자가 당해낼 수 있을까. 교과서에 나오는 말처럼 식상하게 들릴지 모르지만 한마디로 정리해본다. "끊임없이 학습하라."

식당 사장이 공부하면
이렇게 바뀐다 〈명지첫집〉

명지에서 파란을 일으키고 있는 〈명지첫집〉의 김승연 대표는 외식 프랜차이즈 MBA에 재학 중이다. 그는 공부하는 외식업자의 강점을 여실히 보여준다.

김승연 대표는 유명 이자카야에서도 오랫동안 근무했고, 〈명지첫집〉을 운영하기 전 족발, 보쌈집을 먼저 열었다. 보쌈집을 하며 상권분석과 식당 콘셉트를 정비하는 것이 무엇보다 중요하다는 것을 깨달았다고 한다. 〈명지첫집〉 창업 후에 유명 쉐프를 고용하기도 했다. 그때 많이 배웠다고 한다.

〈명지첫집〉은 그냥 만들어진 것이 아니다. 이런 기획을 하기 위해서는 수많은 검증 데이터가 필요하다. 그는 주변 상권을 조사한 뒤, 그 데이터에 기반을 두고 식당 콘셉트를 분석했고, 마케팅 계획을 수립했다. 얼마나 각고의 노력을 쏟아부었을지 초보 창업자라면 감이 오지 않을 것이다. 〈명지첫집〉은 외식경영에서 쓸 수 있는 모든 기법을 사용해서 기획된 매장이므로, 한번 방문만 해도 많은 공부가 될 것이다.

과거에 운영했던 식당의 정수들을 적절히 녹여서 메뉴를 기획했다. 상차림을 보면 완벽하다. 반찬은 한곳에 모아두었고 개인 국물을 제공한다. '명지대파'를 사용하여 스토리텔링을 완성했고, 소금 산지였던 명지의 특산물을 활용해 '젓갈'을 만들었다. 주꾸미 낙지 보쌈은 콩나물, 소면, 두부, 미나리를 적재적소에 배치해서 일반적 비주얼의 보쌈을 한층 업그레이드시켰다. 부침개를 한 장 부쳐서 메뉴의 풍성함을 보강했고, 이자카야를

하면서 익혔을 일본식 계란찜 '자완무시'로 30~40대 주부들의 입맛까지 사로잡았다.

보쌈정식은 2인 2만 원, 3인 2만 9,000원, 4

식당을 한다는 것

인은 3만 8,000원으로 한 명씩 늘어날 때마다 가격을 1,000원씩 낮췄다. 젓갈 아홉 종이나 고등어구이 둘 중 하나를

추가하면 2인에 2만 6,000원이고, 젓갈 아홉 종과 고등어구이를 모두 추가하면 2인에 3만 2,000원이다. 상차림을 보고 고객이 어떤 선택을 할지 상상하기 바란다. 1인 1트레이가 요즘 대세이긴 하지만 1인 트레이로 정식 상을 구성하는 것은 만만한 일이 아니다. 식당 운영에 잔뼈가 굵어야 할 수 있는 일이다.

〈명지첫집〉의 보쌈정식 콘셉트는 1인 트레이다. 1인 트레이는 상차림의 퀄리티를 유지하는 것이 중요하다. 또한 음식을 적절히 준비하고, 주문이 들어왔을 때 철저히 '담아내는 행위'만으로 흐름을 맞춰야 한다. 나는 사석에서 '고등학생을 한 시간 가르쳐서 요리가 손님상으로 나갈 정도'가 되어야 식당 운영이 제대로 된다는 이야기를 자주 한다. 음식을 만드는 것을 제외하고서 그 외의 업무 동선을 최대한 간결하게 만들어라. 간결한 방식만이 인건비와 여러 지출을 해결할 수 있는 지름길이다.

외식업을 운영하다 보면, 오직 현직 식당 사장의 눈으로 봤을 때 아주 괜찮은 기획으로 운영하는 식당들을 만나게 된다. 무서울 정도로 놀라운 그 식당들의 공통점은 끊임없는 연구하고 학습하는 대표가 있다는 것이다. 운이 좋아 장사가 잘되는 곳은 드물다. 설령 그런 사례가 있다 해도, 운이 다하면 식당은 물거품처럼 사라지기 마련이다.

식당을 한다는 것

참신한 기획의 독보적 매장
〈파인에이플러스〉

외식업은 익스테리어와 파사드 싸움이기도 하다. 일단 손님을 식당 안으로 들어오게 만들어야 하기 때문이다. 인테리어는 일단 손님이 매장 안에 들어가야 볼 수 있다. 7~8년 전부터 외식업 익스테리어 중에 '인더스트리얼 디자인industrial design'이 인기다. 외식업에서 인더스트리얼 디자인은 복고형 외관에 현대식 내관이 합쳐져서 어우러지는 스타일의 매장을 말한다. 〈테라로사〉 전 매장, 서울 성수동의 〈대림창고〉는 인더스트리얼 디자인의 대명사로 자리하고 있다.

실제로 존재했던 오래된 건물을 활용해야 진정한 인더스트리얼 디자인이라 할 수 있는데, 최근 거제 둔덕면의 떠오르고 있는 명소 〈파인에이플러스〉가 그렇다. 한국전쟁 이후 시골에 있었던

돌창고를 개조했다. 거제 돌창고라고 불리던 이 건물에서 콘셉트 작업이 시작된 것이다.

이런 스타일의 식당은 전체적인 기획이 매우 중요하고 쉽사리 만들 수 있는 것이 아니다. 건물 문제부터 풀어야 할 법적 문제들이 수두룩하기 때문이다. 〈파인에이플러스〉의 권기오 대표는 〈산골애〉라는 백숙 전문점을 오랫동안 운영하고 있는 베테랑 외식업자다. 허허벌판인 장소에 식당을 낸다는 것은 자신감과 배짱 없이는 불가능한 기획이다. 나도 엄두가 안 난다. 너무 많은 제약과 그에 수반될 비용이 눈에 선하기 때문이다.

소비자에게 가장 보여주고 싶은 자기 식당만의 가치와 메뉴기획, 메뉴 콘셉트가 전체적으로 맞아떨어질 때 이런 이색적인 공간은 명소가 될 수 있다. 코로나19가 절정인 시기였는데도 멀

리서 찾아오는 손님이 많았다.

메뉴명은 '거제 파스타'다. 거제의 특산물인 미역을 넣고 만든 음식

식당을 한다는 것

이다. 특산물을 외식 메뉴에 연결해서 접목하는 것은 외식업 운영자의 로망 중 하나다. 특산물을 메뉴에 억지로 접목하면 안 하니만 못 하다. 소비자들이 가장 좋아하는 파스타는 크림 파스타다. 그다음은 오일 파스타와 토마토 파스타가 순위를 다툴 것이다. 분위기 있고, 기본기가 충실한 레스토랑일수록 오일 파스타 판매량이 높다. 다양한 특산물을 접목해 테스트해보면 더 큰 효과를 볼 수 있다. 내가 파스타 메뉴를 더 추가한다면 거제의 특산물인 죽순과 조개를 사용해서 '거제 로제'와 '거제 봉골레'를 만들 것 같다.

그릴링한 치킨 스테이크를 특제 간장소스에 조려낸 후 버섯을 포함한 각종 채소에 파인애플을 곁들인 주요리 '파인 치킨 스테이크'다.  모든 메뉴에 거제와 파인애플을 결합하려는 노력이 담겨 있다.

〈파인에이플러스〉의 권기오 대표는 거제의 특산물과 상품을 알리기 위해서 법인을 만들었다. 농림축산식품부와 농협중앙회가 개최한 '농촌 유휴시설 활용 창업 공모전'에서 선정된 사업이기 때문에, 국내 유일 파인애플 재배지인 거제 지역의 소득 증대에도 지대한 공을 세울 것 같다.

가장 눈길을 끌었던 것은 파인애플 화분이다. 권 대표는 파인애플 화분을 상용화하기 위해서 한창 테스트 중이었다. 난생처음 보는 이 화분을 판매하면 꽤 많은 손님이 구매하지 않을까? 특별한 인테리어 식물이 될 수 있고, 희소성 있는 특별한 선물이 될 수도 있다.

〈파인에이플러스〉의 정체성과 유사한 외식 업종은 주로 카페다. 이런 콘셉트의 식당은 희소해서 반향을 일으킬만한 충분한 요소가 있다. 권기오 대표가 만들어낸 이번 프로젝트가 성공하기를 응원한다. 꿈과 뜻이 있는 외식인들에게 새로운 목표와 비전을 제시할 수 있는 공간이다.

한결같은 마음과 한결같은 음식
〈화남정 돼지국밥〉

모든 음식에는 고유한 이미지가 있다. 예컨대 햄버거는 편리함과 신속함을 추구하는 현대인의 이미지를, 국밥은 정겨움과 소탈함의 이미지를 가지고 있다. 안타깝지만 국밥은 긍정적인 이미지뿐 아니라, 위생에 취약한 음식이라는 부정적인 인상을 가지고 있다.

얼마 전 60년 전통이라는 국밥집에 갔다. 토렴해 음식을 데워주는 국밥집인데 뜬금없이 국밥을 팔팔 끓여서 내어주었다. 국물 맛, 고기 색깔이 전과 너무 달라 물어봤더니 "뜨겁게 드시라고 끓여드렸어요"라고 한다. 맛과 전통을 포기했다는 사실에 배신감까지 몰려와 이제 다시 가지 않기로 했다.

부산 초읍의 〈화남정 돼지국밥〉의 대표 김영배, 최근혜 부부

다. 외식업을 하는 부부 운영자 중에서 이렇게 합이 좋은 분들이 또 있을까 싶다. 부부는 식당 일의 시작부터 마감까지 모든 것을 함께한다. 모임도 항상 함께 간다. 초창기에는 고생도 많이 했다. 초읍 어린이대공원 앞에서 매장을 홍보하기 위해 사탕을 나눠주면서 보이지 않는 희망을 잡으려고 애썼다.

김영배 대표는 손님들을 살갑게 맞이하면서 인사하는 스타일은 아니다. "고기 좀 더 넣었심더"라는 담백한 한 마디에서 온정이 묻어나는 스타일이다. 내가 외식업에서 강조하는 접객의 태도와 일맥상통한다. 무조건 웃음이 무기는 아니다. 웃음과 친절로 무장한 식당은 일단 고객에게 호감을 준다. 하지만 냉정하게 웃음과 친절로만 기억되는 식당 '베스트 3'을 뽑아보시라. 10초 안에 절대 못 뽑는다고 단언할 수 있다.

요컨대 식당 운영자가 강조하고 싶은 부분을 더 강조하는 편

식당을 한다는 것

이 낫다는 말이다. 억지로 하는 행동은 오래갈 수 없고, 그 힘도 약하다. 〈화남정 돼지국밥〉은 사실 국밥을 팔지 않았어도 무조건 외식업으로 성공했을 것이다. 이곳은 흡사 미니 슈퍼와 같다. 사탕, 초콜릿, 과자부터 생활필수품까지 식당 안쪽에 구비하지 않은 것이 없다. 혹시 식사하러 가는데 애가 계속 울면 계산대로 가보시라. 애 손에 분명히 뭔가가 쥐어져 있을 것이다.

초보 외식업자, 나름대로 중수라고 생각하는 외식업자분들께 꼭 〈화남정 돼지국밥〉을 가보시라고 추천한다. 잘 안되던 매장을 일정 궤도로 끌어올린 힘을 직접 느껴봐야 한다. 브랜드 가치의 성장도 눈여겨볼 만하다. 지금부터 10년이 흐르면, 돼지국밥의 도시 부산에서도 탑브랜드가 될 것이다.

〈화남정 돼지국밥〉에 가면 항정살 보쌈과 항정살 수육이 있다. 보쌈집만 12년째 하는 입장에서도 한숨이 나올 일이다. 항정살은 수율이 매우 낮을뿐더러 시간

이 지날수록 빠르게 말라 미리 만들어두기 어렵다. 반면에 즉석에서 나오는 항정살은 기가 막힌다. 항정살 보쌈을 시도하다가 그만둔 국밥집들이 많은 것에는 이유가 있다. 〈화남정 돼지국밥〉이 더 좋은 상권에 자리 잡으면 항정살 보쌈에선 이길 자가 없을 것이다.

　모든 국밥류가 그러하듯 돼지국밥은 국물이 생명이다. 〈화남정 돼지국밥〉은 오직 사골만을 푹 고아서 후루룩 먹을 수 있도록 시간을 안배해 농도를 맞췄다. 이 집의 육수는 시간과 공력의 작품이다. 큰 가마솥에 사골국물을 고아도 그 양이 얼마 나오지 않는다. 고객에게 같은 국물을 제공하기 위해서는 계속 고아야 한다. 한결같은 우직함이 없으면 할 수 없는 일이다.

　식당의 모든 테이블은 스테인리스다. 합성목 싸구려 테이블과는 질적으로 다르다. 청결함과 매장의 포인트를 동시에 잡은 콘셉트다. 단순하지만 묵직하다. 신뢰감은 말로 해서 쌓이는 게 아니다. 보여주는 것이 아니라 보이는 것이 중요하다. 김영배 대표는 초보 창업자에게 이런 이야기를 건넸다.

"멀리 보고 장사하라. 음식으로 장난하지 마라. 바로 망한다. 꾸준히 하면 손님은 반드시 알아줄 날이 온다."

배달의 좋은 사례 〈4℃냉면〉, 〈반할만떡〉, 〈짐바로찜닭〉

배달업은 사실 공정하지 않은 시장이다. 마케팅이라는 명목으로 배달 앱에 나가는 비용이 너무 크다. 손편지나 리뷰 이벤트가 필수가 된 업계 분위기도 정상은 아니다. 리뷰 이벤트, 배달비, 마케팅비를 모두 더하면 식당 월세를 훌쩍 넘어간다. 악조건 속에서도 선전하고 있는 사례를 소개한다.

1973년에 시작해 50년에 가까운 역사를 가진 떡볶이가 있다. 대구의 〈반할만떡〉으로 '반야월 할머니 만두와 떡볶이'를 줄인 브랜드명이다. 홍종련 할머니는 일흔 중반이라는 나이가 무색하게 아직도 떡볶이를 만들고 계신다.

〈반할만떡〉은 요즘 유행하는 국물 떡볶이의 효시로, 남녀노소에게 인기다. 특히 남자들에게 '해장 떡볶이'라는 특급 메뉴를 선사해준 집이다. 〈반할만떡〉에 가면 떡볶이 접시를 들고 후루룩 마시는 사람들을 자주 볼 수 있다.

부산에서는 〈남천할매떡볶이〉와 〈다리집〉이 가장 유명하지만, 그 가게들은 40년이 넘지는 않았다. 대구 10미에서 1미가 추가된다면, 1번이 떡볶이가 아닐까 싶을 정도로 대구의 떡볶이는 역사와 전통이 길다.

〈반할만떡〉을 이제 배달 브랜드로 만나볼 수 있다. 장구한 역사를 가진 가게를 어디에서 맡아 진행하는지 알아보니 부산의 프랜차이즈 전문회사 〈(주)고선생FCS〉이었다. 〈(주)고선생FCS〉는 고로케의 전설 〈고선생 고로케〉를 전국에 100개 이상 만든 회사다. 분식 상품을 제조, 가공, 유통, 프랜차이즈화시키는 쪽으로는 확실히 우위에 있는 회사다. 정원철, 김주형 대표는 판단이 정확하고 결정이 빠르다. 보통의 외식대표들이 '이거 한번 해볼까?' 하면서 진행하는 것과는 확연하게 다르다.

〈반할만떡〉은 브랜드 네이밍도 탁월하다. 원래 〈반할만떡〉은 '간장에 찍어 먹는 국물 떡볶이'가 콘셉트다. 친근하면서도 독특하다. 이런 스타일의 음식은 입소문이 잘 난다. 일반적으로 떡볶이는 브랜드 저항력이 큰 카테고리의 음식이다. 반대로 브랜드가 알려지고 나면 그 열매는 창업자에게 고스란히 돌아온다.

〈4℃냉면〉 역시 브랜드 네이밍이 좋다. 외식업에서는 구체적인 숫자가 자주 쓰인다. 소비자가 사실적으로 인지하기 수월하기 때문이다. 기억에도 오래 남는다(숫자 마케팅이 널리 알려진 시초는 백종원 대표의 히트작 〈새마을식당〉에서 나온 '7분 김치찌개'다). 〈4℃냉면〉은 한우 사골로 만든 육수를 사용하는데 그 맛이 일품이다. 냉면을 배달업으로 판매할 때, 육수 퀄리티가 매우 중요하다. 대부분 조미료 범벅의 식초 맛이 나는 제품을 사용하기 때문이다.

냉면의 맛을 좌지우지하는 강력한 재료는 '양념'이다. 기본적

식당을 한다는 것

으로 양념은 숙성이 중요하다. 각종 재료를 섞고 나서 적정 온도에서 숙성하지 않으면, 면과 어울리지 않고 겉돌게 된다. 양념에는 고춧가루가 들어가기 때문에 풋내가 나면 맛이 떨어진다. 냉면, 밀면 전문점에서는 양념을 숙성시키기 위해 노력을 엄청나게 한다. 볶아먹는 음식이나 구워먹는 음식은 소스의 맛이 약간 떨어져도 부대 재료들 덕분에 맛이 적당히 무마될 수 있다. 하지만 냉면은 식초, 겨자, 양념장을 더해 먹

어도 맛이 없으면 손님의 발길이 끊긴다.

〈짐바로 찜닭〉은 내가 만든 브랜드다. 배달 음식의 최고 가치는 갓 만든 음식을 '지금 바로' 갖다 주는 것이다. 요리를 배운 적이 없는 분들도 빠르게 익혀서 제대로 된 맛을 낼 수 있는 아이템을 찾았는데, 바로 '찜닭'이었다.

〈짐바로 찜닭〉의 고객은 20대부터 40대까지 연령대가 다양

하다. 11분 만에 요리를 완성할 수 있는 레시피를 개발했다. 또 닭볶음탕을 합리적인 금액으로 출시하려고 한다.

계절과 이벤트별로 섬네일을 교체했다. 계절을 상징하는 이미지가 무엇인지 오래 고민했다. 모든 사람이 쉽게 계절성을 느끼게 하는 것이 중요했다. 봄에는 벚꽃을, 여름에는 휴가를 연상시키는 파라솔을, 가을에는 단풍을, 겨울에는 눈꽃 문양의 이미지를 넣었다. 소비자들의 반응도 좋았다.

B 배달 업체 본사 직원이 배달 업계 최초라고 했다. 가게 간판과 인테리어를 보여줄 수 있는 것이 섬네일밖에 없다고 판단했다. 오프라인이든 온라인이든 고객과 만나는 첫 접점이

존재하기 마련이다. 그 부분을 간과해서는 안 된다. 생각하고 연구하면 고객과 만날 수 있는 연결고리가 적지 않을 것이다.

인생 커피
〈피베리 브라더스〉

인생의 프레임이 통째로 바뀌는 일이 생기면, 인간은 두려움에 움츠러든다. 주변에 조언을 구해 봐도 신통치 않은 이야기만

돌아온다. 인생의 주인은 나고, 선택 역시 내 몫이며, 결과를 책임지는 것도 나라는 걸 알지만, 혼자서 버텨내는 일이 쉽지 않다. 혼자 고통의 시간을 보내고 있는 분이 있다면, 이 사례가 도움이 될 것이다.

'피베리Peaberry'는 생장이 덜된 결점두를 일컫는다. 설익

식당을 한다는 것

은 완두콩 형태인 피베리는 결점두임에도 특별한 대우를 받는
다. 보통의 생두보다 맛과 품질이 특별하기 때문이다. 경남 진주
시 도동로에 있는 〈피베리 브라더스〉의 박병재 대표님과 이야기
를 나누었다.

박병재 대표님은 한때 속세를 떠나 수행자로 살았다. 그의 모
든 인생 이야기를 지면에 담을 수는 없겠지만, 굉장히 독특한 이
력이다. 그러다 커피의 매력에 빠져들었다. 커피가 너무도 좋더
란다. 차를 배우다 보니 더욱더 관심이 생겼다. 어느 하나에 푹
빠져 있는 한 사람을 지켜보면서 이야기를 듣고 있으니 저절로
인생 공부가 되는 것 같다.

박병재 대표님은 다른 지역에서 드립 커피 하나만으로도 가
게를 운영했다. 수년간 커피를 독학하고 나니, 자신의 아집을 깨
닫고 커피 명인을 찾아가 처음부터 다시 배웠다. 커피를 내리는

그의 모습을 보니, 흡사 수양하는 구도자의 모습을 보는 것 같았다. 숨을 죽이고 커피에만 집중하는 모습은 붓을 치는 서예가의 모습을 닮아 있었다. '숯커피'는 비장탄으로 원두를 로스팅한 커피로 〈피베리 브라더스〉를 대표하는데, 일일 한정 판매한다.

'항아리 티라미수'는 〈피베리 브라더스〉의 대표 디저트다. 마치 항아리에 눈이 내려앉은 모습이다. 아기자기하면서도 포인트를 제대로 살린 디저트다. 적당히 한 숟갈 떠서 먹었는데 깜짝 놀랐다. 지금까지 먹어본 티라미수와는 급이 달랐다. 비결은 이탈리아 요리사에게 직접 배운 레시피에 있었다.

티라미수는 커피, 카카오, 달걀노른자, 설탕 등을 넣어 만드는 세계적인 디저트다. 그 맛의 중심에는 마스카르포네 치즈가 있다. '기분이 좋아진다'는 티라미수의 뜻처럼 한 입 먹고 나니 입가에 웃음이 번진다. 숯커피 한 모금 마시고 티라미수 한 숟갈씩 먹으니, 흡사 밥도둑이라 불리는 간장게장이 떠오른다. 이거야

말로 커피 도둑이다.

박 대표님은 자신의 인생과 피베리의 인생이 묘하게 비슷하다고 느꼈던 걸까. 〈피베리 브라더스〉

식당을 한다는 것

라는 상호에서 자꾸 박 대표님의 얼굴이 보인다. 생의 큰 결정을 앞두고 방황하고 있는 분이 있다면, 이곳 〈피베리 브라더스〉에서 커피 한잔하고 조심스럽게 사장님께 인생 조언을 구해보시라. 혹시 아는가. 삶의 뿌리가 될 인생의 문장을 안겨줄지도 모른다.

새로운 막걸리 문화를 향한
청춘의 도전 〈달빛보쌈〉

서울 선정릉역 근처에 있는 〈달빛보쌈〉은 외식업 공간이다. 상호 때문에 보쌈만 파는 가게라 오해할 수 있지만, 막걸리를 직접 빚어내는 젊은 외식인들이 모여 있는 곳이다. 막걸리와 가장 잘 어울리는 보쌈을 대표 메뉴로 해서 다양한 음식을 선보이기에, 한식 캐주얼 다이닝이라는 표현이 더 어울린다. 김태영 대표는 경영학을 배우면서 외식에 관심이 많아 식품영양학과 수업을 들었다. 와인을 좋아해 공부했는데, 그 과정에서 자연스럽게 한국의 식음료에 관심이 생겼다.

10년 전에 서래마을에서 한식 주점 〈수불〉을 열어 광화문점, 코엑스점, 현대판교점으로 직영점을 늘리기도 했다. 하지만 시스템 없이 주점을 확장 경영하는 데는 한계가 있어 직영점들을

인수 합병했다. 앞으로는 양조장을 중심으로 매장을 운영하고
자 한다.

〈달빛보쌈〉은 일반적인 보쌈집의 상차림과 차이가 있다. 상에
올라간 모든 메뉴가 일품요리다. 초보 창업자에게는 추천할 수
없는 상차림이다. 요리 경험이 부족하면 시간적, 효율적 측면에
서 난감한 상황이 발생할 수 있다. 초보 사장이라면 이곳의 장점
만 습득해보자. 고객은 직접 만든 음식, 바로 만든 음식에 가장
높은 점수를 준다. 내 식당에서 접목할 수 있는 부분이 무엇인지
알아보길 바란다.

〈달빛보쌈〉의 젊은 사장들은 블로그에 양조 일기를 꼬박꼬박
작성한다. 포스팅을 읽다 보면 모두 한 마음이라는 것을 알 수
있다. 다섯 평 남짓한 공간에서 그들의 큰 꿈과 찬란한 미래가
펼쳐지고 있다. 다른 음식들도 마찬가지지만, 특히 한국 전통음
식으로 외식업을 해보려
는 분들은 시간이 걸리더
라도 전통적인 방법을 고
수하며 한 걸음씩 나가기
바란다.

〈달빛보쌈〉은 전통주에

현대적 감각을 접목했다. 대전에서 직접 농사지은 쌀로 막걸리, 식초 만들기를 구상 중이다. 발효음식을 공부하는 걸 보니 매장을 일관성 있게 확장할 준비를 마친 것 같다. 한식으로 충분히 경쟁력을 가질 수 있다고 믿고, 그 믿음을 행동으로 옮기고 있다. 예비 창업자들이 참고해야 할 좋은 본보기다.

〈달빛보쌈〉에서는 달콤한 맛, 부드러운 맛, 드라이한 맛의 막걸리 세 종류와 청주, 생막걸리를 판매한다. 고객의 선호도를 생각해서 빚은 막걸리 말고도 다른 제품들을 안내한다. 그들은 눈앞의 이익이 아니라 막걸리 문화를 만들기 위해 노력 중이다.

'과거와 미래가 만나는 전통을 만들고 우리 문화의 가치를 높여 세상에 기여하겠다.' 이것이 〈달빛보쌈〉의 최종 목표다. 이런 목표를 고객에게 당당히 이야기하는 데는 굉장한 용기가 필요

식당을 한다는 것

하다. 거기에 대표 개개인이 서명했다. 마케팅, 홍보 측면에서 뛰어난 재기다. 이런 상황에서는 고객이 그들이 파는 음식을 의심할 여지가 없다. 아무리 까다로운 고객도 이름을 걸고 약속을 지키겠다는 것을 거짓말이라고 깎아내릴 고객은 없다. 진정한 고객은 운영자가 스스로 만들어내는 것이다.

열 번 넘어지고 열한 번
다시 일어난 〈삼덕식당〉

서울 강북구 수유동에 있는 〈삼덕식당〉에 가면 '외식업계의 홍수환'을 만날 수 있다. 최중규, 김희경 부부가 운영하는 〈삼덕식당〉.

전북 부안 출신인 최중규 대표는 스물한 살 나이에 원양어선을

탔다. 당시 월 200만 원을 보장해준다는 문구를 보고 돈을 벌기 위해서 무작정 부산에 와서 승선했다. 영하 60도의 창고에서 급냉 작업을 하다 어리다는 이유로 조리팀으로 갔다.

식당을 한다는 것

당시 60명 선원의 음식을 준비하며 음식과 주방보조 일에 눈을 조금 떴다. 힘들었던 젊은 시절의 일들을 모두 나열할 순 없지만, 원양어선에서 내린 이후 쉬지 않고 일했다. 방위병으로 근무하면서 포장마차를 운영했고, 바를 운영하기도 했으며, 치킨 바비큐집, 해물탕집도 운영했다. 다른 사업에 투자하다 2억을 날리기도 했고, 주식 투자로 어렵게 모은 돈을 잃기도 했다. 그렇게 어려운 시간을 보내고 나니 결국 먹고 사는 데는 정공법만이 정답이라는 것을 깨달았다. 그리고 〈삼덕식당〉을 시작했다.

상차림만으로는 고깃집 전부를 파악할 수 없다. 고깃집이라는 특성 때문에 유사한 상차림을 흔히 볼 수 있기 때문이다. 고깃집에 가면 보통 국물을 제공하지 않는

다. 찌개와 냉면류를 판매할 수 없기 때문이다. 〈조개1번지〉라는 식당도 함께 운영해서 그럴까. 시원하고 칼칼한 조개탕 베이스에 게, 채소, 어묵을 넣은 기본 탕은 고객 만족도가 매우 높은 메뉴다.

고깃집에서 장아찌의 중요성을 인지했다는 것은 고깃집의 핵심 전력을 꿰뚫은 것이나 다름없다. 고기의 품질을 자랑하는 것은 고객에게 어떤 감동을 주지 않는다. 요즘 대부분의 고깃집에서는 생고기를 쓴다. 사육장과 직거래를 하지 않는 이상 고기는 거기서 거기다. 차이가 없다는 것이 아니라 누구도 구할 수 없는 그런 고기는 존재하지 않는다는 것이다.

고깃집 사장이라면 '어떻게 먹어야 가장 맛있을까'에 대한 답을 찾아야 한다. 고깃집은 한때 고기의 두께로 승부하기도 했고, 숯불이냐 비장탄이냐 화력을 달리해 승부하기도 했다. 명이나물, 젓갈을 함께 먹는 것이 유행하기도 했다. 고기와 궁합이 잘 맞는 재료는 거의 다 나왔다고 해도 과언이 아니다. 단 하나, 장아찌는 소스의 레시피나 계절마다 바뀌는 재료에 따라서 맛의 합이 달라질 수 있다. 장아찌처럼 자율성과 독창성을 지닌 반찬이 또 어디 있겠는가.

〈삼덕식당〉은 무수한 실패를 딛고 일어선 부부가 운영하는 고깃집이다. 처음부터 외식업으로 성공하는 사람들도 있다. 나도

210   식당을 한다는 것

그런 케이스다. 하지
만 시간이 지나 생각
해보면 매출 올리기
에 급급해서 구체적
인 장사 목표가 없었
고, 자부심을 갖거나
일하는 데 분명한 이유를 찾기 어려웠다. 실패를 경험하며 부부
는 분명한 비전과 목표를 가질 수 있었다. 쉽게 쓰러지지 않는 자
기만의 식당을 만들었다.

한 우물만 파 브랜딩에 성공한
〈심슨마이스터부대찌개〉

경기도 광주에 있는 〈심슨마이스터부대찌개〉의 심대근 대표는 서울시 지하철공사에서 기관사로 10년을 일했다. 그는 치킨집을 운영하던 선배를 보면서 창업에 뛰어들었다. 세 번 업종을 바꿔 치킨, 부대찌개, 조개구이 집을 운영했다.

그는 조개구이집을 운영하면서도 '부대찌개'라는 음식의 매력을 잊을 수 없었다. 전문적으로 부대찌개를 만들기 위해 육가

공 기술 교육을 이수하고, 소시지와 햄류를 가공하는 기술도 습득했다. 프랜차이즈 점주를 하다가 독립해서 자기 식당을 차리는 경우가 없

식당을 한다는 것

지 않지만, 대부분 고전을 면치 못한다. 브랜드와 브랜드 네이밍의 힘이 이렇게 무시무시한 것이다.

음식을 직접 만드는 식당의 필수조건은 진정성이다. 심 대표는 인공 조미료와 인공 소시지 껍질인 케이싱을 사용하지 않고, 돼지 창자에서 지방, 점막을 제거해 사용한다. 그리고 도축장에서 들여온 100퍼센트 국내산 암퇘지를 갈아서 소시지와 햄을 만든다. 이런 작업은 직원들이나 손님들을 통해 저절로 소문이 난다. 또 쉬지 않고 소시지를 연구해 2019년 'FIFA 국제 육가공 품질 경진대회' 본선에서 금메달을 수상했다.

심 대표는 독일에서 인정하는 마이스터다. 각종 대회에 참가해 금메달 다섯 개, 동메달 한 개를 획득한 진정한 '꾼'이다. 이것은 부대찌개 양념을 잘 만드는 것과 차원이 다른 일이다. 부대찌개는 일반 부대찌개와 '심슨마이스터' 부대찌개로 양분될 정도로 수제 햄으로 부대찌개를 만드는 곳은 희소하다. 수제 햄을 기성품으로 내세운 곳도 있지만, 매장에서 만들지 않은 제품을 수

제라고 받아들일 소비자는 없다. 오늘날의 소비자는 그 어느 시대보다 똑똑하고, 현명하며, 까다롭다.

심 대표는 여섯 종류의 햄을 만든다. 소시지 하면 떠오르는 모양의 스모크부어스트, 화이트 소시지라고 부르는 갈비 맛 그릴부어스트, 곱게 간 고기 반죽에 깍둑깍둑 썬 고기를 박아넣은 비어쉥켄, 고기를 밀가루처럼 곱게 갈아서 구워낸 캐재, 거친 입자로 다진 고기를 빵틀에 넣고 구운 미트로프, 돼지 안심 덩어리를 그대로 훈연해서 만든 안심 로스햄이다. 저염으로 만들어 어른, 아이 할 것 없이 모두 좋아할 염도를 유지한다.

햄은 가공품으로 깊이 인식되어 있다. 그 인식을 깬다는 것은 거의 불가능에 가까울 정도다. 심 대표는 자칫 무모하게 보일 수 있는 아이템에 인생을 걸고 도전하고 있다. 이익만 추구하는 식당 사장이라면 도저히 해낼 수 없는 일이다.

식당을 한다는 것

수제 햄 부대찌개의 맛
이 기성품 햄 부대찌개의
맛보다 두세 배 월등하다
면 거짓말일 것이다. 다만
기성품과 타협하지 않는
주인의 고집스러움이 흔
한 부대찌개를 특별한 음식으로 만들어, 고객에게 새로운 경험
을 선사한다는 것이 중요하다.

숱한 시행착오 끝에 만들어낸 양념장의 깔끔함이 좋았다. 시
간이 지날수록 맛이 깊어졌다. 직원이 손님들께 부대찌개를 가
장 맛있게 먹을 수 있는 황금 시간대를 알려주면 좋을 것 같다.
부대찌개 육수로 쌀뜨물, 사골을 보통 사용하는데, 이곳은 사골
국물을 쓴다. 숙성된 김치가 들어가는 식당에서는 쌀뜨물을 사
용하지만, 보편적으로는 사골국물이 부대찌개에 어울린다.

수제 햄 부대찌개에서 큰 형 역할을 하는 햄은 미트로프다. 탄
탄하면서도 부드러운 식감이 나는 여섯 종류의 햄이 모두 우수
하다. 완제품을 보면 쉽게 생각할 수 있지만, 햄을 하나씩 만든
공정을 떠올려보니, 그 정성이 예사롭지 않다. 직원들의 동선과
부딪히지 않기 위해서 새벽에 출근하는 날은 허다할 것이고, 위
생 문제를 해결하려면 청소를 적당히 해서도 안 될 것이다.

매장 맞은편을 보니 아파트가 있었다. 과연 아파트 상권에서 수제 햄 부대찌개라는 양질의 아이템을 받아들일 수 있을까? 인스턴트 느낌이 강한 음식이지만, 반대로 생각해보면 아이들이 좋아하는 친근한 음식일 수 있다. 초보, 중급 창업자를 떠나서 이런 업종은 목표를 달리 정한 사람만이 이루어낼 수 있다.

〈심슨마이스터부대찌개〉가 주는 교훈은 결국 한 길을 제대로 파야 인지도가 올라가면서 자연스럽게 브랜딩된다는 것이다. 부대찌개는 사실 그 역사를 감안하면 한국 전통음식의 범주에 들어간다. 새로운 스토리텔링으로 부대찌개라는 한국 전통음식의 핵심축으로 우뚝 서길 바라는 마음이다.

식당을 한다는 것

세 번의 실패를 딛고 일어선
집념의 승부사 〈케이트분식당〉

〈케이트분식당〉을 유튜브에 검색해보면 관련 영상이 많다. 영상을 보노라면 꿈, 목표, 자기암시가 인생에 있어서 얼마나 중요한지 알 수 있다. 외식업 종사자가 아니더라도 누구에게나 감동을 줄 수 있는 삶의 이야기가 있다.

강경희 대표는 고등학교 졸업 후 일본에서 대학을 다녔고, 르코르동 블뢰에서 공부했다. 한국어, 일본어, 영어를 할 줄 아니 스물일곱 살에 파크하얏트에 입사해 파티시에로 일했다. 이후 귀국해 신라호텔에 입사하지만, 달걀흰자와 노른자를 분리하는 일을 하면서 '이 길은 아니구나' 생각하고, 3일째 근무하던 날 그만둔다.

부모님은 딸이 호텔리어로 살아가길 바랐지만, 과감하게 그

만두고 창업의 길에 들어선다. 좋은 직장 관두고, 아이를 키우면서 김밥집 사장이 된다고 하니 집에서는 난리가 났을 것이다. 그런데도 강 대표가 창업을 강행한 이유는 쓰러져도 한두 번은 더 일어날 수 있다는 자신감 때문이었다.

여섯 평짜리 김밥 매장을 시작했다. 30만 원의 하루 매출을 올렸고, 날이 갈수록 꾸준히 매출이 올라갔다. 언제부터인가 손님이 "김밥이 왜 이렇게 비싸냐"라고 하면 지하상가 식품매장에 가서 싼 거 사드시라고 했다. 김밥 한두 줄만 사는 손님은 받기 싫어서 싫은 티도 냈다. 이런 태도가 쌓이다보니 손님들과 부딪히는 일이 잦았다. 셋째 아이를 유산하기도 했다. 이 모든 악재가 남의 탓인 것 같았다.

김밥 매장을 폐업하고, 두 번째 창업에 도전했다. 지인의 즉석 떡볶이 가게가 잘되는 것을 보고 삼성역에 매장을 개점했다. 350만 원의 월세를 내면서 한 달 동안 50만 원이 남았고, 1억

　　　　　　　　　　　　　　　식당을 한다는 것

5,000만 원을 손해 보고 매장을 정리했다. 곧 우울증이 왔다.

심각한 우울증으로 생활이 흔들리자 마음속으로 살려달라고 간절히 빌었다. 앞으로 무조건 감사하며 살아야겠다고 다짐했다. 2,000원짜리 커피를 마시기도 어려웠다. 대출을 받아 40년 된 장미 지하상가에서 열 평짜리 매장을 시작했다. 일 매출이 8만 원을 넘지 않았고, 두려움이 밀려왔다. 두려움을 극복하기 위해 손님을 찾아 나서기 시작했다.

차별화된 도시락, 요리가 들어간 김밥이라면 가능성이 있을 것 같았다. 새벽에 골프 가는 사모님을 위해 김밥 다섯 줄을 싸려고 새벽 5시에 나가기도 했다. 크고 작은 일 가리지 않고, 미친듯이 일했다. 그러다 보니 일 매출 625만 원을 기록하기도 했다. 대단한 집념이다.

⟨케이트분식당⟩의 지짐떡볶이는 대중에게 큰 사랑을 받은 인기 메뉴다. 건새우, 더덕, 구기자, 홍합을 양념장 위에 올리고 다린다. 건문어도 사용한다. 생선류는 말리면 그 맛이 증폭된다. 대추도 넣는다. 대추는 은근한 단맛을 내는 최고의 재료다. 비슷한 원리의 식재료로 곶감과 매실이 있다. 고수와 황기는 팬에 덖어 사용한다. 황기는 은근한 향을 입히기에 제격이다. 모든 재료를 넣고 12시간 정도 끓이면 보약 같은 육수 엑기스가 만들어진다.

여기에 중탕한 고추장과 배, 사과청, 마늘을 넣고 3일 동안 숙성시켜서 사용한다. 조미료가 전혀 들어가지 않는 양념장이 떡볶이의 비법 재료다.

계란김밥은 한 줄을 먹기 힘들 정도로 양과 내용물이 푸짐하다. 강경희 대표는 지인이 한번 먹어보라고 사온 유명 맛집의 계란김밥이 아주 마음에 들었다고 한다. 더 연구하면 식당의 대표 메뉴가 될 수 있겠다는 생각에 최고의 맛을 찾으려 노력했다. 그렇게 자기만의 계란김밥을 만들었다.

계란김밥을 먹어보면 좋은 재료와 건강한 방식으로 만들었다는 느낌이 든다. 음식에 대한 자부심과 지극한 마음이 없으면 이렇게 만들 수 없었을 것이다. 인터뷰하면서 김밥의 맛을 내는 몇 가지 방법이 머릿속에 떠올랐지만 전달하진 않았다. 조리과정을 봤을 때, 알려줘도 절대 하지 않을 것 같다는 생각이 들었다. 잘되는 식당의 사장은 좋은 고집을 가지고 있다.

〈케이트분식당〉은 김밥, 떡볶이만 판매하는 곳이 아니다. 그

녀의 독특한 이력이 알려
지다 보니 도시락 주문이
자주 들어온다. 이름만 대
면 알만한 기업에서도 주
문한다고 하니 '낭중지추'
(囊中之錐)라는 사자성어
가 떠오른다. 재능이 뛰어
난 사람은 숨어 있어도 저
절로 사람들에게 알려지는
것이다.

 수준 높은 케이터링 스타일로 도시락을 만들고, 고객의 요청
단가에 따라서 순발력 있게 음식의 종류를 결정하고, 가감하는
능력이 일반 분식점과는 비교할 수 없다. 김밥은 도시락 메뉴의
대명사지만, 막상 먹을 때 목이 막힌다는 단점이 있다. 강경희 대
표는 이를 보완하고자 샐러드를 넣은 모닝빵을 곁들이고, 손질
한 과일 몇 조각을 넣었다. 익히 아는 맛이지만, 김밥과 어울리면
그 맛이 몇 배로 상승하는 음식들이다. 화려하지 않지만 소박하
고, 익숙한 음식이 더할 나위 없이 빛을 발한다.

 예술대학교 교수진이 주문했던 단체 도시락이다. 강경희 대
표는 도시락 분야로 사업을 확장하기 위해서 로고와 포장 작업

에 더 신경을 쓰는 중이다. 눈썰미가 빠른 분들은 알겠지만, 일반 디자인 업체에서 만든 스타일은 아니다. 브랜드 감각이 뛰어난 로고와 형식이다. 〈케이트분식당〉은 매장뿐 아니라 강경희 대표도 브랜딩이 되고 있다. 도시락까지 영역을 확고히 다진다면 누구도 쉽게 넘볼 수 없는 독자적인 영역을 구축할 것이다. 강경희 대표의 결정력과 판단이면 충분히 가능하리라고 본다.

강경희 대표는 실행력이 대단히 뛰어나다. 외식업을 시작하면서 「세상을 바꾸는 시간 15분」과 「생활의달인」에 출연하는 꿈을 꿨다고 한다. 이 글을 읽는 독자분들에게 거듭 강조하고 싶은 것은 꿈과 목표를

식당을 한다는 것

정확하게 구분하고, 의지를 다지고 앞으로 나아가면 반드시 성
공할 수 있다는 것이다. 지금 당장은 견디기 힘들지라도 한 걸음
씩 걸어가다 보면 목적지에 도달할 수 있을 것이다.

외식업은 마음가짐을 분명히 하고 시작해야 하는 업이다. 음
식에 에너지를 쏟지도 않고, 고객의 소리에 귀 기울이지 않는다
면, 어떻게 외식업을 할 수 있겠는가. 운이 좋아 초반에 잘하더라
도 이내 무너질 것이다. 망하기 위해 시작한 거라면 할 말이 없지
만, 그게 아니라면 반드시 마음가짐을 다잡기 바란다. 부디 행운
을 빈다.

식당을 한다는 것

초판 1쇄 발행 2020년 11월 23일

지은이 권세윤
펴낸이 정덕식, 김재현
펴낸곳 (주)센시오

출판등록 2009년 10월 14일 제300-2009-126호
주소 서울특별시 마포구 성암로 189, 1711호
전화 02-734-0981
팩스 02-333-0081
전자우편 sensio0981@gmail.com

기획·편집 이미순, 심보경   **외부편집** 박은영
마케팅 허성권   **경영지원** 김미라
본문디자인 유채민   **표지디자인** [★]규

ISBN 979-11-90356-90-9 03320

소중한 원고를 기다립니다. sensio0981@gmail.com